Frères de mer

Patrick Tabarly
(avec la collaboration de Rémy Fière)

Frères de mer

Stock

Ouvrage publié sous la direction de Benoît Heimermann

Couverture © Le Petit Atelier
Photographie © Christian Boyer, *Jours de France*

ISBN 978-2-234-08588-6

À Yannick, Erwan et Loïc

Disparaître

Une très lancinante mélopée qui sourd. Qui rampe comme un triste présage. Derrière les parois vitrées de l'incinérateur, les brûleurs se sont mis à ronfler... Je les entends. Une respiration rauque et régulière, comme venue d'un au-delà qui entrouvre ses portes. Lentement, la longue boîte déposée par les employés, costume strict, demi-sourire compassionnel, disparaît, entraînée vers un ventre de flammes et de désolation. Je tressaille. Je n'ai jamais eu honte de laisser couler mes larmes, ni ne l'ai regretté ensuite. Il m'arrive même de pleurer quand un film m'émeut... Seulement, là, je ne suis pas devant un générique de fin ; ce qui s'éloigne à jamais, dans le cercueil de bois clair, c'est le corps de mon frère.

Il y a quelques jours à peine, un chalutier français qui traquait la langouste dans les eaux froides de la mer d'Irlande a récupéré dans ses filets le cadavre d'Éric, disparu depuis une sale nuit de juin. Difficile d'imaginer la stupeur des pêcheurs du *An Yvidig* lorsque, en déversant sur le pont le produit de leur pêche, ils ont découvert l'indicible. Dans un déluge d'écailles et de carapaces, au beau milieu de ventres argentés et de crustacés enferrés, un ciré jaune, des bottes bleues, un pantalon rouge habillaient encore la dépouille d'un homme, abîmé probablement. Après plus d'un mois passé dans les flots, les vêtements, eux, ne semblaient pas avoir beaucoup souffert.

À quoi ressemblait-il alors le visage de mon frère, et quel sentiment pouvaient-ils y lire, ces marins au travail ? Celui de la mort soudaine et inopportune, qui passe quand personne ne l'attend, ou celui de la paix éternelle qui, une fois venue, laisse les âmes au repos ?

Un mois auparavant, un peu plus même, *Pen Duick* montait par une nuit sans mansuétude vers l'Écosse. Rendez-vous était pris, promesse avait été faite de venir fêter les plus beaux navires sortis du chantier Fife, à Fairlie, petit port situé à l'embouchure de la Clyde River, l'un des berceaux et une place mythique de la construction navale britannique. C'est là que le lourd cotre avait été dessiné cent ans plus tôt, coque fuselée, gréement tout en puissance contenue, élégance des proportions. Certes, il avait ensuite été assemblé en Irlande, mais c'était bien ici que mon frère voulait le faire témoigner après un siècle de fort loyaux services.

Lorsqu'il était question de rendre hommage à l'histoire de la marine à voile, Éric était incapable de dire non. Et s'il s'agissait de célébrer plusieurs générations d'architectes aussi fameux que les Fife, son assentiment était assuré. Il avait répondu oui à l'invitation, sans aucun déplaisir, était parvenu à constituer un équipage d'amis et d'invités. Un couple, Candida et Antoine Costa, des Chamoniards, skieurs à la soixantaine réjouie, qu'une promesse de croisière avait joliment émoustillé, Jacques Rebec, un ancien de la marine quoique peu rompu aux subtilités de la voile océanique, mais heureux néanmoins, très heureux même qu'Éric ait satisfait sa demande : à quelques encablures de la retraite, il avait envoyé une longue et humble lettre à mon frère expliquant pourquoi il rêverait de s'embarquer, lui le « vieux loufiat » inexpérimenté, aux côtés d'une légende. Erwan Quéméré, photographe et complice de longue date qui, lui aussi et c'est fort étrange, allait naviguer pour la première fois sur le grand oiseau noir.

Ils avaient quitté Bénodet, puis, dans la douceur d'un été débutant, étaient montés lentement vers le lieu des réjouissances. Sauts de puce et météo variable, bonne humeur et plaisirs estivaux. Nous étions début juin 1998. Cela fera bientôt vingt ans…

C'était un vendredi, le 12. Ce soir-là, le vent avait forci, montait encore entre l'extrémité de l'Irlande et ce Sud-Ouest anglais qui vient mordre les frontières du pays de Galles avant de s'y fondre. Le bateau roulait, secoué par des vagues croisées. Rien de désespérant, des circonstances maintes fois connues et maintes fois surmontées… Après avoir pris un premier, puis un second ris dans la grand-voile pour en diminuer la superficie, Éric avait décidé de l'amener pour hisser la voile de cape, nettement plus petite.

Réduire la toile, le boulot classique du skipper. Une manœuvre qui peut quand même se révéler hasardeuse lorsque la mer refuse de coopérer. En position derrière le mât, debout sur le capot protégeant l'intérieur, tandis que les équipiers relâchent les drisses avec bonne volonté mais hésitation, Éric se tient prêt. Un coup de gîte soudain, et un retour fracassant. Alors que la voile s'affale dans le désordre, mon frère est percuté par la corne, ce long morceau de bois de six mètres qui permet de tendre la toile au sommet du mât. Suivant un mouvement de balancier, elle revient vers lui à grande vitesse. Le choc est d'une telle violence qu'Éric est précipité dans une eau noire qui ne devait pas dépasser les 11 degrés. Un cri, a raconté un témoin. Ou un juron. Personne ne le saura.

Aujourd'hui encore, je ne parviens toujours pas à visualiser clairement le cauchemar. Instant trop bref, trop violent, trop noir.

Lorsqu'ils parlent de leur passion, il n'est pas rare que les marins utilisent un mot que je n'apprécie pas beaucoup. « La mer est ma maîtresse », confient-ils à qui veut bien l'entendre. L'image est aimable, mais non ! Le mot paraît trop doux, ou trop sensuel, pour les reproches que lui adressent ensuite ceux qui doivent vivre avec cette mort. La mer, qui sait bien se transformer en traîtresse, a pris Éric sans prévenir, comme toujours, comme elle m'a subtilisé tant d'amis. Car, tout au long de mon existence de marin professionnel, j'ai vu défiler une liste noire, celle de ces nouvelles que l'on peine à accepter. Les partis trop tôt, les jamais retrouvés, la tristesse infinie ne connaît pas de limite à la douleur et à l'incompréhension. Mais elle dure fort longtemps. Outre la perte de mon frère aîné, j'aimerais tant invoquer les âmes défuntes de Dominique Guillet, perdu en mer lors de la Whitbread de 1973, Loïc Caradec, dont on retrouvera le bateau retourné, vide, lors de la Route du Rhum 1986, Daniel Gillard, emporté lors de La Baule-Dakar en 1987, Paul Vatine, perdu après un chavirage dans la Jacques-Vabre en 1999, celles d'Alain Colas ou de Gerry Roufs, aux disparitions encore si mystérieuses. S'arrêter serait manquer de savoir-vivre et de déférence, alors, oui, je n'oublie pas Olivier Moussy, ni Alexei Grischenko, le skipper russe qui se suicidera lors de la première étape de la Whitbread 89, ou, lors de ce même tour du monde en équipage, l'histoire en noir et blanc de deux naufragés tombés à l'eau d'un même bateau. Le Belge Bart Van den Dwey, qui ne portait pas sa balise de sécurité, sera récupéré puis sauvé ; l'Anglais Tony Phillips, celui qui la portait, sera aussi remonté à bord, mais trop tard, il mourra d'hypothermie. À bord du *Creightons Naturally*, personne ne put rien y faire.

La mort n'est pas qu'une succession de noms que l'on grave sur le monument du désarroi, ce sont des équipiers qu'on a croisés, des personnages aimés, des amis regrettés. Un coup terrible, chaque fois. Et de noirs souvenirs qui remontent. Régulièrement. L'absence est une tumeur maligne.

Comme tous ces navigateurs rompus à la course au large, mon frère était pourtant si agile et tellement costaud ; il connaissait son bateau comme s'il l'avait fait. Depuis le temps ! Il savait mieux que quiconque repérer qui, dans un équipage d'accompagnants pas tous amarinés, serait la personne susceptible de tomber à l'eau. C'est une chose que le marin sent, et à laquelle il doit prêter attention. À la façon de se mouvoir sur un pont, à cette manière de rétablir des équilibres précaires, à des sourires qui se crispent, nous devinons vite... Pour les autres, mais rarement pour nous.

Bien sûr, Éric avait frôlé la mort plusieurs fois. Avec moi et sans moi. Des bateaux qui craquent, des mâts qui se brisent, des naufrages et des instants de perdition. Je ne suis pas en reste, une septicémie à 3 ans, des endormissements au volant, des drisses qui lâchent, des mâtures qui menacent. Saint Patrick a beaucoup bossé ; saint Éric, sans doute pas assez.

Car je suis toujours là. Bien seul désormais.

On peut prêter des valeurs variables à la fatalité. Mais elle ne prévient jamais, ni n'envoie ensuite de constat amiable. J'avais déjà remarqué, alors que j'étais monté avec lui en voiture, qu'Éric voyait moins bien qu'avant, je m'étais même dit qu'un jour, si ça continuait comme ça et s'il refusait de porter des lunettes, il pourrait avoir un pépin. Parce que le pépin, comme l'accident, n'est que la résultante d'une succession de détails malencontreux, de manquements à la rigueur nécessaire, de décisions prises trop vite, de refus d'admettre, d'excès de confiance parfois... Le mauvais endroit, le moment mal choisi, le risque mal calculé, ou celui que l'expérience minimise parce qu'on l'a pris trop souvent.

Un cri donc, ou une injure qu'il a peut-être jetée comme si cela pouvait suffire à rester accroché, et mon frère est violemment projeté par-dessus bord, heurté par le mouvement de balancier d'un lourd espar de bois qui, retombant du sommet du mât, s'est transformé en bourreau. Éric n'avait pas 70 ans.

Je connaissais l'équipage, je sais qu'il n'y pouvait rien. Personne n'y pouvait rien. C'est la vie ; et, hélas, c'est aussi la mort.

Ce soir-là, avec Marie, ma femme, nous rentrions du Mans. La communion d'une nièce. Dans la voiture, Anne-Sophie, la fille de Marie, était assise derrière. « J'ai hésité, nous dira-t-elle un peu plus tard, j'aurais voulu écouter la radio »... On aurait allumé, on aurait su. Un bouton à tourner pour être en relation immédiate avec la terrifiante nouvelle qui, bien au-delà de la sphère nautique, allait bouleverser le monde entier.

En arrivant à la maison, le répondeur était plein. Vingt-trois messages... Dont plusieurs d'Armelle, ma deuxième sœur. « Rappelle-moi, rappelle-moi... » Fatalement, des questions, le pressentiment d'un drame. Je la rappelle, elle me dit qu'Éric a disparu.

Je suis cartésien, je ne crois que ce que je vois, ou ce qui me paraît plausible. Plus c'est grave et douloureux, plus, au fil des années et du désenchantement qui va de pair, j'ai appris à rester stoïque. Mais quand il s'agit de la destinée d'un frère, tout bascule dans l'irréel, parce que cela relève de l'impossible. Pas lui.

Très vite je repense à Éric et à sa volonté chevillée au corps de ne jamais en rajouter question sécurité. Une forme de philosophie très personnelle. À bord de *Pen Duick*, les équipements de ce genre étaient inexistants – « Un homme qui tombe à l'eau n'a pas sa place sur un bateau », avait-il dit un jour après la disparition d'un ami... Phrase terrible que je me remémore alors que ma détresse de jeune frère retombe en volutes cruelles, aussi inutile que les fusées du même nom qui se sont éteintes dans une nuit sans fond.

Je songe à son bateau, à la fois si beau et si dangereux. Car la beauté n'exonère pas du danger : au fil du temps, Éric avait augmenté la surface de voilure, rendant *Pen Duick* à la fois redoutable à manœuvrer et sujet à des gîtes assez prononcées. À bord, il n'a jamais voulu de winches mais des palans... Pour envoyer le flèche, cette petite voile arrière, il fallait qu'un équipier, ou lui, monte au mât... Quant à la corne de grand-voile, fatal artifice, elle était extrêmement difficile à maîtriser, notamment lorsque, comme cette nuit-là, le voilier roulait bord sur bord.

Une vie s'en est allée, mais la Terre ne s'arrête pas de tourner pour autant. Le bateau fut ramené en Écosse. Jacqueline, la femme d'Éric, a voulu que le navire poursuive sa route, pas question de changer de programme. Un autre équipage est venu remplacer les témoins de la tragédie. *Pen Duick* est monté jusqu'à son point de rendez-vous... Là-haut, les fêtes se déroulèrent comme prévu, dans une tristesse tellement partagée que même *Pen Duick* semblait porter le deuil. Mon frère était un héros que les Anglais imaginaient aussi éternel que nous, et le souvenir de ses exploits hantait encore les mémoires des marins incrédules.

Les jours passèrent. Une cérémonie commémorative fut organisée à l'École navale de Lanvéoc-Poulmic, là où Éric fit ses classes. Un autel devant lequel se recueillir, sa casquette d'officier, son sabre de cérémonie, une représentation stylisée du voilier originel sur une voile tendue, de discrets coups de canon, la musique des équipages de la flotte, les mots rares de Mgr Dubost, évêque aux armées. Des personnalités, des amis, la famille. Ici, puis à Brest... des fleurs jetées à la mer.

Nous y étions tous. Même Yannick, mon fils aîné, alors sous-marinier en opération. Ayant eu connaissance du drame, le commandant du submersible n'avait rien dit à Yannick. Espace confiné, prudence, maintien d'un ordre immuable. Puis, de retour à Brest, ils l'ont débarqué. « On n'a pas voulu t'alerter en mer, il y a une cérémonie pour ton oncle, tu peux y aller. »

Un peu plus tard, Jacqueline reprendra contact avec moi en me demandant d'aller chercher le bateau à Fairlie pour le ramener à Bénodet. J'ai accepté.

Je suis parti avec un autre équipage, nous avons fait escale à Belfast à cause de la météo. C'est là que nous avons appris que le corps d'Éric avait été récupéré par des pêcheurs français.

La nouvelle s'était très vite propagée. Jacqueline, probablement sous le choc, avait renoncé à faire le déplacement, et demandé à Yannick Le Maguer, à la fois vieil ami et assureur fidèle, d'aller reconnaître le corps, entreposé à la morgue de l'hôpital de Waterford, du côté de Dunmore East, petit port sur la côte sud-est de l'Irlande, qui fait presque face au pays de Galles. Yannick était justement parti, sur son bateau, pour jeter à la mer une brassée d'hortensias là où Éric avait été emporté...

Le voilà dans la grande pièce froide et sinistre. Sous le ciré, il découvre un pull siglé qu'il connaît bien et quand le médecin légiste lui demande s'il n'avait pas quelques indices supplémentaires pour valider les macabres retrouvailles, Yannick rappelle la cicatrice sur le genou gauche... Plus aucun doute.

Une intuition plus qu'une envie... Au fond de moi, je savais que l'on retrouverait mon frère. Pourtant mon ambivalence demeurait cruelle. Je n'avais pas fait mon deuil, mais en même temps, je n'étais pas certain de me satisfaire d'une telle issue. Un filet de pêche, un corps qui surgit, pantin pas encore décomposé parmi un tombereau de poissons inertes, l'image est sordide mais elle me rassurait : mon frère avait été retrouvé. J'en étais presque satisfait, même si disparaître en mer à tout jamais n'est pas la moins héroïque des fins pour un marin.

On m'a conduit en voiture jusqu'à Dublin où j'ai rejoint Yannick Le Maguer pour la crémation. Mon ami a ensuite récupéré l'urne funéraire, tandis que je repartais pour Belfast. C'est là que *Pen Duick* attendait qu'on le délivre, c'est de là que j'allais le ramener à Bénodet, son port d'attache.

Yannick a rapporté les cendres à Jacqueline ; je crois qu'une petite cérémonie a eu lieu, au pied d'un arbre de la grande propriété de mon frère.

Un neveu représentait le reste de la famille. Les cendres ont ensuite été dispersées.

J'ai ramené le bateau. Sans penser à autre chose qu'à naviguer. Une fois le voilier amarré à Bénodet, une partie de ma vie de frère s'est arrêtée.

Nous portons le même nom, Tabarly. Même si ce ne fut pas si facile pour moi. Un sang identique irriguait notre passion commune, tous deux fils d'Yvonne et de Guy. Mais nous n'avons pas connu le même parcours. Il était une icône, je n'étais pas grand-chose, juste un jeune cadet dans son ombre. Vingt ans après sa mort, j'ai pourtant eu envie de raconter. Parce que si je suis devenu celui que je suis, je le dois aussi à Éric. À ce qu'il m'a transmis, à ce que j'ai partagé avec lui, à ce que j'ai vécu depuis qu'il n'est plus là. Au-dessus de moi, ange protecteur ou simplement aîné attentionné, j'ai toujours eu l'impression qu'il m'accompagnait. Avec ses silences soupesés et ses phrases si souvent pertinentes, ses récriminations de marin et son comportement de légende.

1
Grandir

Ce que je sais, c'est que mon frère a longtemps gardé un pistolet de marque allemande, reliquat probable de la Seconde Guerre mondiale...

Ma vie commence étrangement, par une histoire de retraite. Presque d'exil, à l'échelle de la Bretagne, puis de reddition lente.

La lignée paternelle vivait plutôt confortablement dans de grandes maisons cossues, au centre de la ville de Blois, jusqu'à la guerre, la seconde, celle qui contraignit, la peur au ventre, à la fuite. « Jamais les Boches ne passeront la Loire », aurait prophétisé mon grand-père, homme de bonne fortune, de grande prodigalité et de piètre talent divinatoire... Alors, ce fut le bord de mer, entre Pornic et l'estuaire du grand fleuve, département de la Loire-Inférieure comme on le dénommait alors. Un bout de bourg, Préfailles. Une belle propriété familiale accueillit la famille ; c'est là où je suis né, un certain 12 juillet 1944.

Malgré la prédiction de mon grand-père, les « Boches » passèrent les ponts, ceux qui mènent jusqu'au littoral atlantique. Ils s'y installèrent. Bunkers, forteresses, surveillance, temps ralenti, désespoir probable...

La liberté ne se reconquiert pas d'un claquement de doigts. Le village est au beau milieu de ce que l'on appellera pudiquement la poche de Saint-Nazaire, un îlot de résistance nazie qui, derrière le fort et ses remparts, donc solidement protégé, fera front au moins neuf mois durant, avant de se rendre peu avant la capitulation... D'août 1944 à mai 1945, alors que l'Europe se débarrassait progressivement du joug hitlérien, certaines garnisons allemandes se cramponnaient. Il s'agissait, selon les ordres de Berlin, comme à Brest, à Lorient, à La Rochelle ou à Royan, de « défendre la position jusqu'au dernier homme ».

Parce que les soldats de la 66e division d'infanterie américaine du général Kramer, soutenue par la brigade Charles-Martel, unité clandestine du général Chomel, et les Forces françaises de l'intérieur, une fois en marche pour délivrer le territoire occupé, n'avaient qu'un objectif, poursuivre l'offensive au plus vite pour libérer le pays, Paris, la France... la poche de Saint-Nazaire restera imprenable comme quelques autres, pas assez importantes pour en faire le siège. On y reviendra. L'important était avant tout d'obliger l'armée allemande à fuir ou à déposer les armes... Pas question de s'arrêter en chemin, de perdre un temps précieux.

Les événements de cette période permettront à certains résistants de la vingt-cinquième heure d'accéder à la gloire... Si mon père est toujours resté discret sur ces temps incertains, il a vraisemblablement côtoyé d'assez près les réseaux combattants. Un jour, il a été convoqué par la Gestapo à Nantes. En le voyant partir, notre bonne, qui fréquentait un soldat allemand, a sans doute cru qu'on ne le reverrait jamais.

« Êtes-vous allé en Angleterre ? lui ont demandé les policiers.

– Oui, dans ma jeunesse, pour apprendre la langue.

– Aimez-vous les Anglais ?

– Non.

– Et les Allemands ?

– Pas plus. »

Mon père ne fut pas inquiété, trop franc sans doute aux yeux des autorités pour être soupçonnable.

Les anecdotes qui font aujourd'hui sourire ont remplacé la peur et l'inquiétude de l'époque. À la maison, on murmurait que le commandant de la forteresse de la pointe Saint-Gildas, pas loin de la maison, recevait une fois par semaine une lettre dénonçant « un certain Guy Tabarly ». Mais je ne sais pas si c'est vrai. Car qu'aurait-on pu lui reprocher ?

Une autre fois, on a voulu réquisitionner son vélo. Papa s'est rendu chez les gendarmes, armé de son ingéniosité et de sa mauvaise foi, après avoir remplacé les pneus de son engin par du tuyau d'arrosage de qualité médiocre.

« Mais, Tabarly, vous ne pouvez pas rouler avec ça…

– Comment croyez-vous que je sois venu jusqu'ici, mon ami ? »

Je crois même que le commandant allemand a rendu les armes devant mon père. Peut-être est-ce ainsi qu'il a récupéré le pistolet de l'officier… Mais je ne pourrais pas vous le jurer, parce que je venais de naître. Et que, comme tous ceux qui ont connu cette sombre période, papa n'en parlait guère.

Il fallait toujours que je porte les anciens vêtements d'Éric, ou que je récupère son vieux vélo.

C'était ça, l'économie de l'après-guerre : faire durer, ne pas trop dépenser.

Mes premières années n'ont donc de glorieux que ce que l'on m'en a raconté. Une septicémie faillit m'emporter, si violente que l'on crut que je ne passerais pas l'hiver. Le miracle eut pourtant lieu et, si elle avait été mise au courant, la Faculté aurait peut-être enseigné mon cas dans ses amphithéâtres. Maman racontait que c'est après m'avoir mis un cataplasme chauffé au rouge sur la poitrine que le mal s'en est allé. Mes souvenirs aussi, évidemment. La brûlure se serait transformée en abcès, puis le pus se serait écoulé, et les menaces mortelles avec. C'est ce qui m'aurait sauvé. Ne me reste qu'une cicatrice ronde de huit centimètres de diamètre sur le torse.

Un survivant alors ? Non, juste un enfant comme les autres… Celui que l'on chérit, que l'on protège et qu'on laisse faire. Parce qu'il est le petit dernier d'une fratrie de quatre. Éric avait treize ans de plus que moi, ma sœur Annick, onze. Plus tard était venue Armelle, de qui je suis resté très proche, et qui me devançait de trois ans tout juste. Presque une génération entre les premiers et les derniers, un fossé en tout cas puisque j'ai toujours eu l'impression de grandir sans mes aînés, notamment parce que l'un comme l'autre quitteront la maison rapidement.

La guerre terminée, nous abandonnâmes Préfailles pour revenir vers l'intérieur des terres, à Blois d'abord puis, quelques années plus tard, à Avrillé, un village situé à cinq kilomètres d'Angers. Bétail sur la route, purin dans les fosses, odeurs de moissons, chant du coq, aujourd'hui banlieue de la préfecture du Maine-et-Loire.

Papa avait acheté une grosse propriété, « La Chalouère ». Gigantesque, d'autant plus aux yeux du gamin que j'étais. Des pièces plus grandes que celles d'un palais russe, des chambres plus nombreuses que dans un motel américain. Cinq au premier étage, quatre au second. Au rez-de-chaussée, les salles de réception.

Un salon de quatre-vingt-dix mètres carrés qu'on laissait fermé de l'automne au printemps, une salle à manger de même dimension, qui, elle, disposait d'un gigantesque poêle et d'un magnifique buffet, tellement hors de proportion qu'il semblait soudé au parquet, un boudoir où nous nous réfugiions l'hiver car tellement plus facile à chauffer que le salon, et une bibliothèque qui ne m'attirait guère.

C'était encore un temps de privations et de calculs. Ne pas dépenser plus que ce que l'on a, ne jamais dilapider les maigres ressources. On ne sait jamais. L'après-guerre, malgré les Trente Glorieuses qui n'allaient pas tarder à suivre, n'était pas encore l'époque bénie du redémarrage économique qui permettrait de renflouer les portefeuilles. Ainsi, nous ne chauffions que lorsque l'hiver se faisait féroce. Je me souviens de mon verre à dents, dont le fond n'était parfois que de l'eau durcie par le froid.

Chacun avait pourtant sa salle de bains.

En dépit des restrictions, je vécus la plus heureuse des jeunesses. À l'air libre le plus souvent, ou du moins tels que s'ancrèrent dans ma mémoire les premiers souvenirs, reliquats délicieux de ces instants de joie simple. Se mélangent depuis, dans un délice de temps qui passe, une quinzaine d'années, enfance et adolescence entremêlées, que rien ne troubla vraiment.

Un univers de gamin des champs et des prairies, des bois et des rivières, courant et vivant librement. Entouré d'animaux. Des chiens comme le danois Tchad qui, debout sur les pattes arrière, posait celles de devant sur les épaules de mon père. Sa tête dépassant celle de papa. Ou ce setter irlandais dont la folie douce convenait à mes parties de campagne. Ou Vania, qui n'aimait guère les moutons. Nous en avions quelques-uns, et l'un d'eux fut d'ailleurs égorgé par notre immense berger belge, malgré les coups de bâton que lui asséna papa... Et puis des poules, une paire de chevaux que mon père aimait monter. Parfois même, il poussait sa passion jusqu'à atteler l'un de ses fiers destriers à une calèche pour se rendre à la ville. Était-il toujours maître de la situation, alors que la civilisation du moteur à explosion remplaçait la précédente, et que l'animal cédait la place au cheval-vapeur ? Je crois que, quelques fois, l'emballement de ses coursiers effrayés par les automobiles qui passaient trop près d'eux lui donna quelques sueurs froides.

J'appris à l'accompagner lorsqu'il partait en balade, ce qui me permit aussi de comprendre que s'enhardir était toujours un plaisir. Hop ! un fossé sauté, ou tiens ! une chute après que ma monture était partie dans un galop que je n'avais pas su prévoir. Des dents arrachées qu'un copain qui me suivait avait ramassées, parce qu'on ne sait jamais. Une autre cassée, une lèvre fendue, un court séjour à l'hôpital. Les quatre cents coups de l'enfance dont mon corps se souvient encore.

Lorsqu'il était enfant, Éric disait qu'il voulait être bûcheron ; moi, au fil des années, je crois bien que je le suis quasiment devenu.

La vie à l'extérieur allait en tout cas représenter un élément constitutif de ma personnalité.

Désherber, tailler les haies, dessoucher – à la hache, pas à la tronçonneuse, arracher la vigne vierge qui grimpait sur les murs de la propriété, ou l'aubépine dont les taillis pointus écorchaient la peau, faire les foins, entretenir le potager, la moindre occupation physique me ravissait. J'aimais ça, l'effort, la pleine nature. Même la tonte de nos moutons devenait un instant magique, comme lorsqu'il me fallait aider papa à enserrer d'un élastique la queue des agneaux qui venaient de naître : au bout d'un certain temps, elle tombait naturellement, et le dispositif nous paraissait toujours moins cruel que de couper avec de vieux ciseaux l'appendice qui pendouillait...

Parmi les occupations que m'offrait cette vie de sauvageon, l'une me plaisait particulièrement. Dans la propriété, nous avions un petit verger composé notamment de pommiers, qui nous fournissaient aussi bien des pommes à couteau que des pommes à cidre. Tous les ans revenait comme une succession de fêtes du corps le ramassage des fruits dont nous remplissions de grands sacs de jute posés au pied de chaque arbre. Un voisin fermier les récupérait ensuite avec sa charrette à cheval et remontait péniblement notre récolte jusqu'aux huit barriques de deux cent vingt litres... Il faut dire que la pente du terrain, qui s'élevait au-dessus de la Mayenne, était assez sévère.

Mon goût pour l'innovation, mon inventivité et mon souci de rationaliser tout cela n'étaient, à cet âge, que des concepts en gestation. Pour éviter un surcroît de travail au fermier, j'ai pourtant inventé un chariot à patins que j'ai fait construire chez le forgeron du village. J'ai ensuite vissé dessus une plateforme qui pouvait recevoir cinq ou six gros sacs ventrus. Il me suffisait enfin d'installer une grosse corde et une poulie judicieusement placées, puis de me mettre au volant d'une voiture pour tirer sur cette même corde reliée au chariot. L'ensemble remontait la pente. Je pourrais presque dire que c'est là que j'ai appréhendé pour la première fois la magie des mécaniques simples... Et le plaisir de voir mes idées se concrétiser avec succès.

J'ai toujours aimé conduire, même quand je n'en avais pas encore l'âge, c'est donc ainsi que je déplaçais le chariot plein sans fatiguer l'animal, et sans déranger le fermier...

Quand tout était récolté, un autre travail commençait : le cidre ne se décrète pas, il se fabrique. Avec le hachoir manuel pour réduire les pommes en morceaux, le pressoir et les énormes madriers, le serrage à la main, les grosses bassines que l'on remplit de jus avant de le verser dans les gigantesques barriques. Les laisser ouvertes d'abord pour la fermentation, puis les refermer, faire le premier soutirage quelques mois plus tard pour enlever la pulpe tombée au fond. Mettre l'ensemble en bouteille, ou en bonbonne. Sans oublier, une fois la barrique vidée, de faire brûler à l'intérieur une mèche de soufre pour rejeter l'oxygène. Tous ces gestes sont encore gravés dans ma mémoire.

Et puis boire, bien sûr. Sans excès : le jus de pomme non fermenté qui coule du pressoir a le goût de la volupté, mais il faut prendre garde de ne pas en abuser, l'estomac peut alors s'en trouver sévèrement malmené.

Éric avait été envoyé en pension. Il avait trouvé l'endroit si dur qu'il avait milité auprès de mes parents pour que je ne connaisse pas ce genre d'institution. C'est sans doute grâce à lui que j'ai échappé à cette forme d'emprisonnement...

Le bonheur, sinon, se découpait en pointillé, ou en alternance. Certes, ma vie m'appartenait, et je préférais de loin qu'on me laisse en paix plutôt qu'on me tarabuste en me demandant où j'en étais de mes devoirs. Il a pourtant bien fallu que, durant ces années de liberté, je me consacre un tant soit peu au travail scolaire. À mes yeux une punition sans nom. Mes rapports avec l'instruction furent aussi distants que possible...

L'hiver, je séchais bien souvent les cours. Les débordements des rivières qui entouraient mon univers et coulaient à proximité de La Chalouère – la Maine, la Mayenne, la Sarthe – laissaient sur les prés de l'eau qui se transformait en glace, souvent sur une épaisseur de plusieurs centimètres. Je devins un excellent patineur.

Cela ne s'est pas fait en un jour. Je ne ferai qu'évoquer l'estafilade dont je conserve la cicatrice sous le menton... Une lourde chute au passage d'une clôture en fil de fer barbelé, le bas du visage qui heurte la glace. À moitié assommé, je me suis pourtant relevé, j'ai continué à patiner en disant n'importe quoi, sans plus savoir qui j'étais. Les copains ont dû me soutenir, avant qu'un grand frère ne me jette dans une voiture pour me ramener à la maison.

En me voyant arriver, sanguinolent, mon père aurait lâché un « Petit con » ; ma mère, après un clin d'œil : « Mais tais-toi donc, tu vois bien qu'il ne comprend rien. »

Je m'en remettrais.

L'attrait des buissons était en tout cas nettement plus fort que celui des apprentissages martelés par les instituteurs. Je n'allais à l'école que pour chahuter. Ou alors je prenais mon temps. Le moindre imprévu, même violent, m'était plus agréable que les leçons de morale. À l'âge du collège, je me rendais à Angers à vélo. J'utilisais avec une certaine fougue quelques raccourcis champêtres qui fleuraient l'aventure et les odeurs de traverse. Des chemins de terre, de profondes ornières, des rencontres soudaines. Dans un virage, je me suis trouvé nez à nez avec un cheval qui s'est cabré lorsque son cocher a tiré sur les rênes. Trop tard ! Mon épaule et ma joue gauches firent la connaissance de son poitrail. Chaud et plutôt mou. Dieu merci, pas grand-chose à déplorer, ni pour moi ni pour les deux montures. Le quadrupède baissa d'un ton ses hennissements, la bicyclette ne broncha guère. Plus de peur que de mal, donc, pour le charretier et pour le jeune adolescent qui crut, l'espace d'un instant, finir crucifié sur le timon de la charrette.

Parfois, j'empruntais les transports en commun, et il m'est arrivé de faire exprès de rater le car de ramassage. Histoire de prendre le temps de la réflexion. J'y vais, j'y vais pas ? Ma réponse variait en fonction de l'état du ciel. Un jour, poussé par je ne sais quel sortilège, j'ai fait à pied les cinq kilomètres qui me séparaient du collège. En arrivant en classe, la maîtresse m'a néanmoins félicité et a demandé à mes camarades de m'applaudir. Un élève qui rate le bus et parcourt à pied les routes du canton pour venir parfaire ses connaissances…

« Mes enfants, Patrick est un modèle… »

Je me souviens aussi de cette année où un camarade et moi avions fomenté une arnaque de haute volée. Nous avions chacun deux carnets de notes dont un faux pur et simple. Chacun remplissait le carnet de notes de l'autre pour que nos écritures ne soient pas décelables par nos propres parents à qui nous les faisions signer. Les notes y étaient élevées et les appréciations négatives, rares. Le vrai carnet, en revanche, avec les moyennes basses et les admonestations régulières, nous les paraphions nous-mêmes avant de les rapporter en classe.

Ne se révèle pas faussaire qui veut mais qui peut.

Un jour, la directrice de l'école me fit venir dans son bureau. Cela faisait un moment que je n'avais pas fréquenté son établissement… L'amour des libertés enfantines, toujours.

« Patrick, vous n'étiez pas là ces derniers jours, il me faudrait une attestation ou un certificat médical. »

J'avais un camarade dont la mère était médecin, il subtilisa une ordonnance pour moi, la plia dans une enveloppe, me la donna.

Je la remis à la directrice sans en vérifier le contenu.

Elle était constellée de fautes d'orthographe dignes d'un analphabète, des lignes avaient été tracées au crayon pour écrire droit, puis mal gommées. Les effacements à la hâte laissent toujours planer le soupçon de la malversation.

Évidemment, la directrice me convoqua à nouveau et me demanda des explications. Je ne pouvais pas vendre mon complice et camarade, ce n'est pas le genre de la maison, alors je pris tout sur moi.

« Très bien, je vais devoir prévenir vos parents. »

Quelques jours à patienter devant la boîte aux lettres et jamais papa et maman ne reçurent la missive, ni ne lurent les réprimandes qu'elle contenait. Dans ce combat permanent et pitoyable contre l'institution, je suivais sans le savoir les traces d'Éric... Lui non plus n'était pas un élève modèle, bien au contraire, et je sus plus tard que mes parents suèrent sang et eau pour qu'il consente à poursuivre ses études jusqu'au baccalauréat. Un diplôme qu'il obtint par la grâce d'on ne sait quel dieu laxiste et amusé.

En même temps, si, aujourd'hui, je fais un peu le malin, je dois confesser qu'à l'époque, mes jeunes amis et moi, nous n'étions pas toujours d'une grande subtilité dans nos lamentables farces. Un jour, nous avions appelé un établissement spécialisé dans le nettoyage des fosses septiques, en leur demandant de venir curer celle de l'école. Ils sont arrivés en plein cours de français tandis que nous ânonnions en chœur cette fameuse « ronsardise » qui interpelle une mignonne en lui demandant d'aller voir si la rose « Qui ce matin avoit desclose / Sa robe de pourpre au Soleil, / A point perdu ceste vesprée / Les plis de sa robe pourprée, / Et son teint au vostre pareil ». Nous partîmes bien loin de ces fragrances de rosée matinale lorsque les employés se présentèrent : « Bonjour, c'est pour la vidange ! »

Des histoires de pompe à merde... Pas bien finaud, mais cela suffisait à faire rire les gamins que nous étions. Rire. J'avais besoin de cela même si je ne fus pas le seul garçon de la famille à souffrir d'une éducation corsetée. Éric avait connu le même genre de soucis, la détestation de l'école, le rejet des versions latines et des cours de français, les envies d'ailleurs et la haine des enfermements précoces. Comme moi, et comme mes propres enfants.

Les chiens ne font pas des chats, ni les merlus des merlans. Mes jeunes descendants feront aussi de nombreuses sottises. Plus tard, bien plus tard, j'eus en effet trois garçons avec Françoise, ma première épouse. Eux non plus ne furent pas les derniers à faire basculer les interdits, qu'il s'agisse d'un feu de scout allumé sous la réserve de gaz de voisins... « C'est à vous, ces jeunes pyromanes ? m'ont-ils crié après avoir découvert la fumée sous la bonbonne et le début du foyer.

– Eh oui, je crois bien ! »

Une autre fois, ce sont les deux aînés qui viendront me chercher parce qu'ils avaient poussé le benjamin dans un grand congélateur entreposé au grenier. Celui-ci était si haut que le jeune infortuné n'arrivait plus à en sortir. Le rôle d'un père lui impose parfois d'aller puiser au plus profond pour remédier aux cruels enfantillages de sa propre engeance.

Enfin, troisième et dernier exemple de cette série qui, sinon, serait fort longue à développer exhaustivement : alors que ce même benjamin, Loïc, avait 3 ou 4 ans, ses frères l'avaient convaincu de les accompagner au village à vélo. Le sien avait encore des roulettes. Après avoir acheté des bonbons, ils étaient revenus, oubliant que la petite côte de l'aller se transformait en descente lorsqu'il fallait rentrer à la maison. Avec sa bicyclette à pignon fixe, Loïc fut incapable de s'arrêter dans la pente. La voiture qui arrivait en face y parvint, elle. La collision qui suivit fut heureusement sans gravité.

Je n'ai jamais eu à regretter ces petits incidents de jeunesse qui ne laissent pas vraiment de séquelles. Ou si peu que ce ne sont que remords de garnement. Une chose me turlupine encore cependant, juste parce que je n'ai jamais osé l'entreprendre. Cela concerne la cathédrale d'Angers, bâtie sur une hauteur, et devant laquelle s'étend un vaste parvis auquel le visiteur accède par un large escalier de pierre. De chaque côté, une montée pentue en pavé, dont la déclivité m'avait toujours fait de l'œil. « Un jour, je la descendrai à vélo », m'étais-je promis. C'est en tout cas ce que je me disais depuis le bas de la pente. En haut, je ne me suis jamais lancé…

Comme si la trouille d'un enfant était une forme de sagesse. Ou son début plutôt.

Quand Éric revenait à La Chalouère, il ne fallait pas que je fasse de bruit lorsqu'il écoutait de la musique. Si je jouais avec mes petites voitures, il s'énervait. Alors que, lui, quand il était petit et qu'on lui offrait un soldat de plomb, il le jetait par terre pour en tester la résistance…

J'entends encore le poum-poum-poum rassurant du bicylindre. Je revois mon frère aîné, sans casque, me semble-t-il, remonter la longue allée sur une énorme moto… Il sourit. Ce n'est pas tout à fait l'enfant prodigue qui revient, mais l'aîné qui arrive sans prévenir. Il aimait bien, je crois, nous faire ce genre de surprise. Cette fois, il chevauche un monstre d'acier venu des Amériques. Une Harley Davidson, 750 cm^3 de cylindrée, rachetée aux domaines. Arrivée en France je ne sais comment, elle n'était pas kaki comme celles laissées sur place par les cohortes motorisées débarquées avec l'US Army puis récupérées après la Libération. Non, celle-ci n'avait servi que de moyen de transport dans un haras de la région.

Éric était donc parti très jeune en pension, du côté de Saint-Brieuc, j'étais alors si petit que je n'en garde pas de traces dans ma mémoire. La suite fut du même acabit, je ne le croisais qu'en de rares occasions. Après avoir réussi un bac que pas grand monde espérait, il s'engagea dans l'Aéronavale, pilota des avions plus ou moins rapides, sillonna le monde en fonction des conflits ou du début de la décolonisation des poussières de l'ancien empire français, le Maroc, l'Indochine. Plus tard encore, j'étais alors adolescent, il fut reçu à Navale, dont il devait tardivement sortir officier. Nous ne le voyions donc que lors de ces rares retours impossibles à planifier, à la fois calmes et pétaradants. Même si ce n'était pas non plus le genre de la famille de l'accueillir avec de grands cris, nous étions toujours contents de le retrouver.

Dans mes souvenirs fluctuants, il était d'ailleurs d'humeur plutôt taciturne, parfois un peu autoritaire, comme si naissaient chez lui des envies de commandement qui s'exprimaient sans véhémence mais avec fermeté. Éric a sans doute toujours été ainsi. Ma sœur Annick raconta souvent qu'ils utilisaient tous les deux un tandem pour partir en balade ou aller à l'école. Je ne sais pas qui pédalait le plus fort ou qui houspillait l'autre, mais quand ils revenaient de leur petite randonnée, ma sœur devait sauter de l'engin en mouvement, courir pour ouvrir le portail de la propriété. Éric ne s'arrêtant pas, elle devait ensuite remonter en marche… après avoir refermé le portail.

Si d'aventure le conducteur devait stopper sa progression, s'arrêter, voire mettre pied à terre, il pouvait maugréer, ou même faire la gueule.

Sans lui, pourtant, puis sans Annick, ma sœur aînée, qui partit elle aussi assez vite de la maison en épousant un médecin, la famille se réduisit à une portion assez congrue. Maman était fille unique, papa avait deux sœurs, Christiane et Mony, et un frère, Dominique. Des trois, seule Mony se maria et eut un enfant, Jacques. Lequel fut élevé au rang de parrain, mais je ne le vis jamais, pas plus que ma marraine. Rien de bien notable donc pour distraire nos déjeuners dominicaux, pas une vie de famille comme on l'entendait souvent dans les dynasties bourgeoises. De toute façon, l'époque n'était pas aux désormais fameuses « cousinades » et s'il nous avait fallu préparer une réunion de famille, il y aurait eu peu de jeunes de mon âge pour aller courir le guilledou.

Les retours d'Éric s'apparentaient-ils pour autant à l'apparition d'un mirage ? Non, ce n'était rien de plus qu'un grand frère ou un fils aîné qui venait saluer sa famille. Et, au guidon de puissants deux-roues, il faisait alors beaucoup d'effet aux yeux des plus jeunes. Sa générosité n'était pas une légende, ses dons en mécanique en revanche laissaient à désirer… Je devais avoir à peine 16 ans. Il était arrivé avec la fameuse Harley. Lors d'une mise en route, le moteur s'était soudain emballé, Éric avait passé la première, lâché l'embrayage sans doute trop vite. La moto avait fait un bond en avant, moteur bloqué. Croyant que celui-ci avait rendu l'âme, il avait cru bon de se débarrasser de l'engin en me l'offrant. Un cadeau empoisonné ?

Pas du tout. En démontant la machine, je me suis aperçu que la chaîne de transmission était cassée, rien de grave, donc. J'ai supprimé le maillon défaillant et la moto fut prête à m'emmener en balade. Je n'ai jamais parlé de cette réparation à

Éric, j'avais en revanche un très gros jouet pour rouler dans le parc...

Pour remplacer la Harley, il avait acheté une autre moto, une Indian de 1 300 cm^3 équipée d'un side-car. Celle-là aussi, je l'aimais bien, malgré ses problèmes de fuite d'essence. Une fois, Éric nous avait demandé de le suivre car le carburant s'échappait si vite qu'il lui fallait refaire le plein chaque fois qu'il croisait une station-service... Dans l'une d'elles, la dernière, il y eut un retour de flamme si fort que le pompiste n'avait eu d'autre choix que de prendre un extincteur avant de poursuivre Éric qui repartait doucement. « Vous ne pourrez pas aller plus loin », lui avait-il crié...

Effectivement, ce début d'incendie signifia la fin de la relation entre mon frère et sa motocyclette.

La dernière dont je me souviens était une autre grosse Harley qu'Éric avait achetée aux États-Unis après sa première victoire dans la Transat en solitaire, en 1964. Il l'avait ramenée avec lui sur le paquebot *France*, l'avait ensuite beaucoup utilisée avant de la revendre à un type qui, nous l'apprendrions plus tard, s'en servait pour des trafics plutôt illégaux. On raconte depuis en riant que, pour faire ami-ami avec les douaniers qui admiraient sa moto, il leur proposait toujours de faire un tour. Un jour, l'un d'eux découvrit d'épais sachets de drogue dans les sacoches...

Inutile de dire qu'aux yeux des adolescents que nous étions, Armelle et moi, ces motos, comme les histoires saugrenues qu'elles véhiculaient, nous faisaient ardemment rêver. Évidemment, il nous était formellement interdit de les utiliser.

Il n'en fallait pas plus pour m'y pousser. Un jour, alors qu'Éric avait le dos tourné, j'essayai de faire démarrer l'Indian, comme je l'avais vu faire. Ne pesant pas lourd, je mis tout mon poids sur le kick pour lancer le moteur. Seulement la compression était énorme, et le retour de la grosse manivelle m'arracha un hurlement. Cheville en miettes ou presque, je tournai longtemps dans la cour en vociférant sur mon seul pied valide... C'est la dernière fois que je touchai à cette foutue moto !

Je n'étais pas le seul. Ma sœur Armelle n'était jamais en reste. Elle essaya un jour comme moi de prouver que conduire un monstre de puissance ne requérait pas de compétences particulières. Elle aussi avait piqué ma Harley pour montrer ce qu'elle savait faire à ses copines. Je n'étais pas là quand elle remonta la grande allée à fond, ignorant juste qu'elle disposait d'un frein à pied pour s'arrêter. Freinant juste de l'avant, elle ralentit certes la machine, mais arracha aussi une haie de fusains, défonça la barrière protégeant l'escalier qui menait à la cave. La roue passa par-dessus un petit muret, la moto resta en équilibre sur le carter. Armelle, elle, fit un grand soleil, tomba dans l'escalier, sans casque, naturellement. Intense fut la frousse ressentie par ma sœur et ses complices admiratives...

Malgré ces menus désagréments, ces engins sataniques et leur fonctionnement mystérieux furent une autre révélation aux yeux de l'enfant que je n'étais déjà plus. Je découvrais que les moteurs me fascinaient. Tout comme les problèmes à résoudre lorsqu'ils refusaient de se mettre en marche, ou ne fonctionnaient qu'en râlant, appelaient des solutions que je devais chercher par moi-même. Dans ce domaine, rien ne me faisait peur. J'appris à travailler seul, sur le tas même. La solitude ne m'a de toute façon jamais paru être une punition. Et cet apprentissage en totale autonomie allait se révéler utile pour le reste de ma vie.

Je progressais ainsi rapidement dans ma connaissance des pistons, des alternateurs et de toutes ces constructions complexes qui permettent à un véhicule de se mouvoir. Je dois avouer que j'adorais cela. Armelle, quelques années plus tard, avait acheté une 4 CV Renault, petite auto populaire dont le moteur était installé à l'arrière. Un jour, elle était revenue en disant qu'elle avait dû laisser la voiture en ville car elle avait calé et ne voulait pas redémarrer.

Le dossier avait immédiatement suscité mon intérêt.

Après être allé voir ce qu'il en était, j'avais rapidement constaté que ce n'était qu'un problème d'essence qui n'arrivait plus dans le carburateur. Quelques secondes de réflexion avant de comprendre que si je manœuvrais à la main la petite pompe qui aspirait le carburant depuis le réservoir, on pouvait tout à fait rouler. Tandis que ma sœur conduisait pour retraverser Angers, j'étais debout sur le pare-chocs arrière, le capot relevé, et manipulais ainsi la petite pompe pour éviter la panne sèche. L'attelage devait faire sourire les passants, mais, une fois de retour à la maison, ce fut un jeu d'enfant que de mettre un terme à ce léger souci.

C'est depuis ces tendres années que je reste persuadé qu'il y a toujours une solution. Quel que soit le problème.

Quand j'avais 14 ans, Éric en avait 27. Depuis quelques années, il ne dépensait plus rien, il gardait tout pour assouvir sa passion naissante : la rénovation de Pen Duick.

C'est une aventure que la France apprit à connaître. L'épopée de *Pen Duick* qui devint, au siècle dernier, un élément constitutif de la légende nautique que mon frère entretiendra durant toute sa carrière. Un mélange de passion débordante, d'argent qui manque, de déboires sans nom, d'heures qu'on ne compte plus, de travaux qui ne s'arrêtent jamais, l'ensemble correspondant évidemment parfaitement à ce qu'était Éric, et à ce qu'il fut toute sa vie.

Mon père avait acheté *Pen Duick* juste avant la guerre alors qu'il croupissait et avait été mis en vente par ses propriétaires dans la rubrique « Petites annonces » d'un journal local. L'esthétique et les performances de ce sublime navire de 15 mètres, dessiné à la fin du XIXe siècle par William Fife III ? De l'histoire ancienne. Le cotre avait perdu de sa superbe. Après la visite du navire affaibli par les outrages du temps, mon père racheta le bateau dans son jus, juste avant le début du second conflit mondial. Le défaut le plus visible ? Le pont qu'il fallait refaire tout entier. Mais on ne s'y attaquerait pas avant longtemps…

La famille navigua d'abord façon placide à l'été 1939. Quand a sonné le tocsin de la conscription, mon père décida de désarmer *Pen Duick* et de lui laisser reprendre sa vie retirée et austère, entre roseaux et nids d'oiseau, dans une vasière, du côté de Pen Foul, sur les bords de l'Odet. Le terme de « vasière » peut paraître inquiétant, mais il s'agit d'une méthode fréquente pour conserver les bateaux que l'on utilise peu, ou plus. À marée haute, le navire flotte, puis lorsque le courant s'inverse, il se pose, ou se couche plutôt, lentement, dans la vase. Laquelle protège également le bois de la coque des assauts du temps. En revanche, le pont, les œuvres mortes et, à l'intérieur, le pied des membrures de bois qui solidifient l'ensemble, ni peintes ni vernies pendant les années de guerre, souffriront plus intensément que jamais.

Toujours à l'affût de métaux pour leurs usines d'armement, les Allemands avaient rapidement repéré le voilier désarmé et voulaient récupérer la quille et les quelques tonnes de plomb dont elle était constituée. Le marin à qui mon père avait confié la surveillance du navire, de manière assez opportune, leur avait certifié qu'elle n'était qu'en fonte, matériau bien moins noble pour fabriquer des balles. Ils avaient renoncé…

Immédiatement après la guerre, le bateau, plus abîmé que jamais, fut remonté jusqu'à La Trinité où il navigua encore trois ans, avant que mon père le désarme et le laisse stagner un moment dans une autre vasière. Le premier souvenir que je n'ai pas daterait donc de 1945. J'étais dans mon couffin lorsque l'on me présenta à *Pen Duick*. Endormi, probablement.

La période était, encore une fois, économiquement compliquée, et parce qu'il avait besoin d'argent frais, mon père préféra vendre le navire blessé. Ce fut long et il ne trouva qu'un seul acheteur potentiel, Éric. Et encore ! En bon père, faisant une croix sur un bénéfice substantiel, il finit par lui faire cadeau de *Pen Duick* en 1952.

Quand mon frère le récupéra, j'avais 8 ans, lui, 21.

La suite appartient à l'histoire de la voile française et à l'épopée familiale. La lente remise en état – huile de coude et solutions de fortune – des éléments en piteux état, le pont, les membrures intérieures. Puis, ce qui sauva probablement le bateau, la réfection de sa coque, grâce à l'apport salvateur de technologies nouvelles.

C'est Éric qui eut l'éclair de génie. Il en parla avec deux de ses plus proches amis, Marc et Gilles Costantini, dont le père avait créé le chantier naval du même nom, du côté de Kerisper, à quelques encablures de La Trinité. L'apparition de la fibre de verre et de la résine polyester, jusqu'alors utilisées sur de petites unités, lui avait donné une idée. Il proposa aux deux frères de se servir de la coque de *Pen Duick* comme d'un moule et de poser dessus des couches successives de ces fameuses fibres de verre, longues bandes de tissu épousant la forme de la coque puis solidifiées ensuite par une résine spéciale déposée au rouleau.

Le coup valait d'être tenté. Il fallut sept couches, plus quelques bonnes doses d'enduit et des heures de ponçage dans des relents de cataclysme écologique pour que *Pen Duick* retrouve ce qui pouvait ressembler à une éternelle jeunesse.

La solution était iconoclaste. Comment ? Une coque en bois de la fin du XIXe siècle ! La transformer en coque en polyester ! *Shocking my dear*, pour des puristes comme peuvent l'être des Anglo-Saxons tenus par la rigueur et les traditions. Toujours est-il que l'opération réussit au-delà des espérances d'Éric.

Tandis que mon frère travaillait d'arrache-pied à la réfection de *Pen Duick* entre ses permissions militaires et ses retours de mission, je faisais à mon tour la découverte de la voile, cette discipline qui allait, dans une moindre mesure, bouleverser aussi ma vie. Ou du moins la faire bifurquer vers une direction nouvelle.

Du bateau, nous en faisions l'été bien sûr, du côté de La Trinité, sur des embarcations de croisière puis dans la baie de Quiberon où nous passions le plus clair de notre temps à bord de petits dériveurs. Côté paternel, nous disposions d'une masure à La Trinité – le *Nid de pie*, tel était son nom. Un sol en terre battue, un semblant de grenier, nous n'y avons jamais habité, mais elle nous servait à emmagasiner le matériel nécessaire à la navigation. C'est d'ailleurs à cette époque que j'eus mes premières sensations à bord de *Pen Duick*.

Quelques années plus tard, au début des années 1960, mes parents vendirent le *Nid de pie* et achetèrent un terrain à Saint-Pierre-Quiberon, au bout de la célèbre presqu'île. Ils y firent construire une maison. Au bord de l'eau, exposée au vent d'est d'été et au soleil du matin... Pas une grosse bâtisse, non, mais une agréable villa de vacances, où je pus continuer mon apprentissage de la mer.

C'est dans ce cadre, par exemple, que je vécus mon premier chavirage. Expérience qui reste toujours un moment fort de la vie d'un marin en formation. J'étais à la barre d'un Moth que j'avais restauré à Angers. Le Moth, mon premier bateau ! Je l'avais remarqué sur le terre-plein du cercle de voile où il pourrissait dans l'indifférence générale. C'était un petit dériveur de 3,35 mètres, sans propriétaire... Avec l'accord du président, je l'ai ramené à La Chalouère où j'ai fait patiemment mes premières armes de restaurateur.

Je n'avais pas encore d'argent de poche, mais mes parents acceptèrent de régler les petites dépenses nécessaires à la remise en état de mon esquif. Je me souviens de papa m'accompagnant à la quincaillerie Rousseau, dont les enfants étaient mes amis proches. Contreplaqué, colle, pointes, nous y avons acheté l'indispensable et, très vite, j'ai pu me lancer sur les rivières environnantes. J'avais 14 ans...

J'étais donc à sa barre, l'été suivant, du côté de la baie de Quiberon... Je me sentais bien, comme toujours, heureux. Quand, soudain, sans comprendre pourquoi, j'ai dessalé, ce qui n'est jamais très grave mais toujours étonnant, d'autant qu'une fois dans l'eau, je ne savais plus trop quoi faire. Jeune fou inexpérimenté tentant de surnager, barbotant autour de mon bateau retourné. Je revois alors papa se précipiter à ma rescousse dans un crawl magnifique. Il avait facilement remis le voilier d'aplomb et nous étions repartis ensemble.

Les enfants sont toujours fascinés par leur père et la puissance presque divine qu'ils lui prêtent lorsque celui-ci les sort d'un mauvais pas.

Je profite de cet instant de flottement pour vous présenter papa. Mon père, c'était « Babar », comme le surnommaient ses amis. À cause de ses oreilles légèrement décollées ? Pas sûr, plutôt parce qu'il était une force de la nature. Papa était grand et corpulent, le nez cassé, comme celui d'un boxeur fatigué d'avoir pris trop de coups en pleine face, alors qu'il l'avait simplement esquinté en chutant de moto. Un jour qu'il roulait comme un damné sur un circuit en reconstruction – il ignorait que des travaux d'entretien s'y déroulaient –, il tomba, se fit rouler dessus par le motard qui le suivait, et passa quelques jours dans le coma.

Papa avait aussi son franc-parler, s'exprimait d'une voix grave et perçante à la fois, pouvait faire peur, mais était adorable plus souvent qu'à son tour.

Maman, elle, était une femme remarquable. Son visage anguleux, austère même, respirait la classe et l'élégance. Elle sortait rarement, adorait être entourée de ses enfants, et se faisait emmener tous les samedis matin à Angers pour faire les courses. Elle aimait chiner, savait fouiner et dénicher les bonnes affaires. Moins sportive que papa, elle aurait aimé faire du bateau, mais, sujette à de terribles maux de mer, elle y avait bien vite renoncé.

Étant beaucoup plus sévère que papa, il fallait se méfier de sa chevalière. Je me souviens ainsi d'une mauvaise blague que j'avais faite lors d'un déjeuner dominical. Maman prétendait que des rongeurs rôdaient dans le grand buffet de la salle à manger. Or, à la fin du repas, elle me demanda d'aller y chercher le sac de gâteaux secs qui se trouvait dans un des tiroirs. J'ai pris le sac avant de le jeter sur la table en hurlant : « Une souris, une souris ! » Maman eut vraiment très peur. Je la revois debout sur sa chaise, une main dans son assiette pleine de fromage blanc, tandis que papa et Armelle se tordaient de rire. Elle me traita de « petit imbécile » et m'allongea une paire de claques dont j'entends encore le bruit. Et je sens toujours sur ma joue la marque de sa bague.

Cette peur bleue des rongeurs, la réaction qu'elle entraîna, associée à une forme de sévérité plutôt justifiée me firent rapidement comprendre qu'il valait mieux ne plus l'énerver avec des plaisanteries grotesques. Je décidai donc d'en rester là.

Papa en revanche était un bon vivant, absent du lundi au vendredi lorsqu'il tournait sur les routes de la région, très présent les fins de semaine et les étés. Avant de devenir représentant en textile sur tout le Grand Ouest, il tint une concession automobile pour la General Motors à Quimper, et, plus tôt dans sa carrière, il partit pour la Tunisie afin de tenter de mettre sur pied une ferme modèle.

Dans les affaires, maman, souvent plus directive que son époux, l'incitait à aller de l'avant. Papa, tout comme son père, a donc fait dans le fil, les boutons, les accessoires de vêtement. Et puis le secteur de la mercerie s'est cassé la figure, il s'est reconverti habilement dans la laine, la bonne, la vraie, celle que l'on utilise pour les meilleurs pulls marins. Il circulait la semaine de La Rochelle jusqu'au Havre, d'abord avec une 2 CV, puis avec une DS orange qu'il avait gagnée à la loterie et dont la couleur n'altérait en rien la qualité du confort.

C'était aussi un sportif, cavalier bien sûr, mais aussi excellent nageur. En farfouillant dans le tiroir de son bureau, on pouvait y découvrir un grand nombre de médailles. Certaines provenaient de ses performances athlétiques, en compétition notamment, d'autres de faits de sauvetage. Parti par deux fois à la rescousse de nageurs en difficulté, dont un souffrait d'une fracture, dans des vagues qui roulaient avec violence, il les avait ensuite ramenés sur la plage. Comme tous les hommes de son époque, il était également proche de cette nature prodigue qui pouvait améliorer l'ordinaire des périodes délicates. Chasseur presque par obligation, il lui arrivait de tirer des pigeons du haut de la fenêtre de sa chambre. Parfois, nous avions donc des ramiers à manger. À sa mort, en 1976, je devais d'ailleurs hériter de son fusil, dont le maniement m'échappe encore aujourd'hui.

Mais papa était aussi et surtout un homme de la mer, un marin, un compétiteur même. Avec le temps, il prit de la bouteille, devint naturellement moins agile sur le pont et comprit que tout ce qu'il pouvait faire à bord dorénavant, c'était la cuisine pour l'équipage. Mais lorsque j'étais jeune, c'était un sacré matelot.

Moi j'allais le devenir... En attendant, il me fallait terminer ma formation. À la fin de l'été, nous retournions à La Chalouère. Un repli vers l'intérieur des terres qui ne m'empêchait pas de naviguer. Car si, dans la famille Tabarly et pendant l'année scolaire, les filles penchaient plutôt vers le cheval, les garçons, eux, montaient sur les bateaux. Appelons cela une forme d'atavisme. Mon père m'inscrivit au CVA, le Cercle de voile d'Angers. Répondant ainsi par l'affirmative à la proposition de mes copains de classe de les rejoindre.

Ce fut une nouvelle révélation. Pour de multiples raisons.

D'abord, parce qu'au cercle se répandaient naturellement le doux parfum des rapprochements intergénérationnels ainsi qu'une connivence immédiate entre des novices comme moi et des adultes à l'expérience redoutable. Ensuite, parce que ces chefs d'entreprise, médecins, avocats, financiers, tous amoureux de la mer et des bateaux, allaient faire plus que mon éducation : ils allaient simplement confirmer ou plutôt distiller en moi l'idée que ma vie d'homme serait sans doute plus heureuse loin d'un bureau... mais près d'un bateau.

Je ne m'en doutais pas encore.

Nous nous exercions alors sur des dériveurs, des Vaurien, ou les premiers 470, quand les adultes, eux, se distinguaient sur des bateaux de croisière aux dimensions plus sérieuses, Star, DC 20, yole allemande ou plan Cornu. L'hiver, nous naviguions ensemble sur la Maine, la Sarthe ou la Mayenne. Puis, l'été venu, tous ces bateaux descendaient la Loire pour aller bourlinguer en mer, avant de remonter à nouveau le grand fleuve et revenir hiverner à Angers.

Pour moi, cela commença donc par des balades sur ces fleuves pédagogues où le vent prenait parfois ses aises. Tout de suite, je me sentis dans mon élément. Le souffle qui propulse, la proue qui déjauge, la vitesse qui grise. Laval, Tours, Le Mans… Le week-end, nous partions régulièrement disputer des régates dans la région. Les équipiers étaient toujours très recherchés, peu importait leur âge. Le plus souvent, nous nous déplacions avec le commodore du cercle nautique. Un banquier, qui passait nous prendre au volant de sa 404. Il tractait une remorque et deux dériveurs posés dessus, le troisième étant doctement attaché sur le toit de la berline. Nous, on s'entassait dedans. En général, il nous déposait sur les lieux de la compétition en lançant : « Occupez-vous bien d'eux », puis il revenait le soir, demandait si tout s'était bien passé.

D'habitude, nous nous employions comme des démons nautiques à remporter les premières places.

Au début, à cause de notre différence d'âge, Éric et moi n'étions pas très proches. Et puis, à mesure que je grandissais, il apprit à mieux me connaître. C'est alors que nous devînmes réellement frères.

Les cloches de Pâques 1959 viennent à peine de passer, je n'ai pas encore 15 ans, mais je participe à la première sortie d'un *Pen Duick* remis à neuf par Éric et le chantier Costantini. Discret comme je le serai toujours ; peu loquace, j'écoute, je regarde, j'admire ; je reste le parfait petit frère qui ne sait pas que l'ombre accompagne toujours la lumière.

À l'intérieur du bateau, l'odeur du polyester remplissait nos narines, et, le nez pourtant pris, l'on pouvait également humer cet esprit spartiate que mon frère allait adopter durant toute sa vie. Pas d'aménagement, pas de confort, le strict nécessaire. Et encore ! Des cadres de bois pour deux couchettes-cercueils à flanc de coque, une petite cuisine, une table à cartes, une maigre cloison sans porte.

L'important n'était évidemment pas là. Ce jour-là, une excitation avait gagné l'équipage.

Nous allions enfin voir ce que le beau navire noir avait dans le ventre.

Outre papa et moi, Éric avait convié quelques amis de Navale. Le moment était d'importance car il allait permettre de valider la qualité des travaux effectués et de jauger les capacités sportives du fringant voilier. À ceux qui ne connaissent que la voile d'aujourd'hui, il faut tenter d'esquisser ce que pouvait représenter le pont de *Pen Duick*. Pas de winches on l'a dit, tout se faisait au muscle et à l'huile de coude, beaucoup de drisses pour hisser les nombreuses voiles du gréement aurique, beaucoup d'écoutes pour régler les foc, trinquette, flèche, voile de brise et autre grand-voile.

Nous sommes partis confiants. Éric semblait radieux à la barre, mais nous n'avons pu faire que deux bords de près. Au second, le mât est tombé dans un craquement sinistre.

Un silence de sépulcre a suivi la rupture ; la consternation a envahi le navire…

Les explications n'allégèrent le dépit de tous que quelques jours plus tard. Une connerie avait été faite ou, disons, une erreur de jeunesse. Éric avait voulu un bateau plus toilé ; il avait donc augmenté de soixante-dix centimètres la hauteur du mât. Et, pour rallonger les haubans, ces câbles latéraux qui allaient le retenir, il n'avait rien trouvé de mieux que d'utiliser de la chaîne, sans doute mal étalonnée. Sauf que, vous pouvez me croire, une chaîne, ce n'est pas prévu pour remplacer des haubans, ni pour renforcer la solidité d'une mâture. Une chaîne, c'est fait pour assurer un mouillage, ou à la rigueur pour faire avancer un vélo...

Même avec du cordage, ç'aurait mieux marché !

Il suffit qu'il y ait une malfaçon pour que tout s'effondre, le mât et les espoirs du skipper. C'est bien ce qui s'était produit. Un bruit formidable, le bateau qui se redresse et se remet droit, la vitesse qui tombe, comme le mât et les voiles, partis dans l'eau quoique encore retenus par quelques derniers liens.

Les philosophes de salon prétendent que l'avarie fait partie intégrante de la vie quotidienne du marin, alors nulle raison d'avoir peur. Le temps était au beau ; un copain ostréiculteur est venu nous chercher pour nous ramener à bon port.

De mon côté, je n'étais pas du genre à faire la leçon au patron, lequel n'était d'ailleurs pas du genre à aimer en recevoir. Ce jour-là, j'ai pourtant bien cru deviner que le moral d'Éric en avait pris un coup, mais mes 15 ans tout juste ne valaient pas un diplôme de psychologie nautique... Trop jeune, trop inexpérimenté, je n'ai pas su quoi lui dire.

Sans un sou vaillant, car l'essentiel de ses maigres économies d'élève officier était passé dans les réparations déjà effectuées, mon frère avoua plus tard que, envahi par un découragement passager, il avait senti son avenir vaciller. Il sut trouver les bonnes solutions, dénicha un nouveau mât qui ne lui coûta rien et repartit de plus belle. Remerciant, au passage, le généreux donateur qui avait préféré rester anonyme.

C'est à partir de ces années-là que j'ai commencé à naviguer à bord de *Pen Duick*. Éric s'était sans doute rendu compte de mes capacités naissantes, alors chaque été devint propice à des balades en mer, puis à des régates autour de la Bretagne, puis à nos premières courses internationales. Vers les côtes anglaises, et jusqu'en Espagne même.

Dès que possible, nous larguions les amarres, partions découvrir de petits ports ou disputions des courses. Dans un rythme si haletant que parfois me venait l'envie de souffler : en compétition, nous donnions tous beaucoup de nous-mêmes et j'avoue que j'aurais apprécié parfois de rester à terre. Entre les trois mois de navigation l'été, les 2 000 ou 3 000 milles parcourus par an, les régates et les croisières, il ne se passa guère de semaines sans que l'inactivité ne me rouille les sangs.

Les succès maritimes furent inégaux. Parfois, nous ne figurions même pas au classement final ; d'autres fois, nous devions modifier la configuration du bateau et installer à la va-vite des équipements de fortune pour être autorisés à courir. Éric, par exemple, ne voulait pas de filière sur *Pen Duick* parce qu'il trouvait que cela altérait la pureté de son pont et l'élégance de son voilier. L'esthétisme a ses vertus qui peuvent parfois coûter bien cher. Car le règlement de certaines épreuves obligeait les concurrents à disposer de cet élément de sécurité. Alors, afin de pouvoir s'aligner, Éric avait accepté de ressortir les chandeliers de bronze et de faire courir autour du pont un câble. Un seul câble – à quarante centimètres au-dessus du pont ! –, bien misérable et inutile donc, juste pour ne pas être disqualifié avant le coup de canon du départ.

L'apprentissage est un parcours dont les embûches et les plaisirs se laissent découvrir lentement. C'est en configuration course que l'essentiel se dévoilait, parce que nous touchions à tout. Barreur, navigateur, équipier. Au goût et à l'envie des sept ou huit marins de *Pen Duick*... J'irais même jusqu'à prétendre que nous tentions de réaliser des prouesses sans aucune organisation véritable, chacun prenant le poste qu'il affectionnait. Parce que, ce que cherchait Éric, c'était la victoire bien sûr, mais aussi et surtout la beauté de la manœuvre. Le style comptait au moins autant que la place au classement. Et, à partir du moment où la manœuvre était belle, le bonheur se faisait palpable.

Mon frère se révéla vite un champion en la matière, notamment dans les manœuvres portuaires. Rien n'était plus jouissif qu'une arrivée réussie. Même si, parfois, nous nous sommes retrouvés dans des situations scabreuses. Ainsi, lors d'une escale à Lymington, en plein Solent anglais, pour aller chercher du matériel chez Brooks & Gatehouse, un fameux fabricant, nous sommes arrivés de nuit, ce qui n'est jamais facile à la barre d'un voilier dépourvu de moteur. Non que celui-ci fût en panne, mais, de ça aussi, Éric ne voulait pas. Nous sommes pourtant parvenus à réaliser un mouvement magnifique et silencieux, puis nous nous sommes amarrés à couple d'un bateau sans réveiller ses occupants. Jusqu'à ce que l'un d'entre nous, passé sur le pont du voisin, s'appuie sur une verrière. Laquelle s'est effondrée en faisant un bruit abominable. Raté !

Lors des longues régates en haute mer, il nous arrivait d'être à la lutte avec des bateaux menés par nos pères. Je me souviens ainsi d'une course vers La Corogne, en 1958. Notre père naviguait à bord de *Danican*, un voilier appartenant à des amis ; moi, j'étais équipier sur *Pen Duick*. Comme il y avait un peu plus d'espace chez nous, papa nous avait confié son costume de yachtman : le blazer de cérémonie, la chemise repassée, le pantalon de flanelle, l'accoutrement classique et nécessaire pour les réceptions et la remise des coupes. Malheureusement, malgré notre fougue et notre jeunesse, nous sommes arrivés après la distribution des prix, d'abord parce que nous avions déchiré notre grand-voile pendant la traversée, ensuite parce que nous avions dû tirer des bords le long de la côte espagnole... Manœuvre qui se révèle fastidieuse lorsque l'on ne dispose que d'une petite voile de cape en guise de moteur.

Lorsque nous avons retrouvé notre père, j'ai été heureux de constater que l'absence de son costume l'avait moins inquiété que la nôtre.

C'est Éric qui m'a formé, grâce aux heures passées sur l'eau à ses côtés, à son sens marin, à sa manière de lire les nuages. À ce qu'il m'a transmis.

Certes, j'étais toujours le petit frère ; certes, il me laissait faire mais, bon, je n'ai jamais été du genre à me pousser du col ou à me mettre en avant. À 15 ans, malgré toute mon envie et ma bonne volonté, il y avait des manœuvres auxquelles il m'était impossible de participer. À cet âge, la force physique est encore insuffisante, je ne faisais pas tout à fait le poids...

Progressivement pourtant, au contact de mon aîné, je continuais à emmagasiner de l'expérience au gré de nos étés en mer. Tout se déroulait plutôt bien, même si les résultats se faisaient un peu attendre. *Pen Duick* était un voilier qui filait bon train mais qui, comme les autres, devait se plier aux lois d'airain de la course en mer. Pour que les bateaux de toutes tailles puissent courir ensemble, et qu'ils puissent être intégrés à un même classement, il existait un coefficient : le fameux *rating* de nos amis anglais, complexe certes, mais affecté à chaque bateau en fonction de sa taille, de son âge, de sa surface de voile et de quelques autres paramètres. Ce ratio était ensuite utilisé à l'arrivée pour transformer le temps réellement mis par les concurrents en « temps compensé » qui tenait ainsi compte des spécificités de chaque voilier. L'opération arithmétique effectuée donnait un temps « recalculé », censé égaliser les chances de tous les bateaux et n'en favoriser aucun.

Étrangement, les modifications de la coque et sa reconstruction en polyester eurent parfois tendance à perturber l'entendement de notre capitaine. À cause des organisateurs de course anglais notamment... Par on ne sait quelle sinuosité intellectuelle, ceux-ci considéraient que, depuis les travaux de réfection, *Pen Duick* était un bateau neuf, et qu'ainsi il disposerait du même « ratio » qu'un navire tout juste sorti de chantier.

Une décision incompréhensible aux yeux d'Éric, mais qui ne l'empêcha pas de s'inscrire à quelques courses de renom. Comme lorsqu'en août 1960 il se décida à prendre le départ du Fasnet, course anglaise mythique, disputée entre Cowes et Portsmouth, en passant par le phare du Fastnet Rock, en Irlande.

J'en étais, mais, hélas encore, nous avons dû abandonner peu de temps après le départ, à cause d'un foc déchiré et d'un jeu de voiles pas assez complet pour pouvoir lutter. Éric a décidé de relâcher à Brixham, où là, il a déniché un maître voilier extraordinaire. Mon frère, séduit par les compétences et le savoir-faire de l'orfèvre, lui demandera non seulement de recoudre la petite voile d'avant, mais il en profitera, en constatant la modicité des prix pratiqués, pour commander une grand-voile neuve et un second foc. Que nous reviendrions chercher à Noël. Le voyage a été épique, comme souvent, mais surtout frigorifiant. Les bourrasques de neige pour monter étaient telles et l'air si piquant que je me revois encore, recroquevillé au fond du cockpit, me protégeant, plutôt mal que bien, des éléments.

Car je vous parle d'un temps où les équipements étaient rudes et modestes. Nous n'avions pas les moyens de nous offrir des vêtements dernier cri, ni n'étions nostalgiques de l'époque de nos pères où il fallait arborer la casquette avec l'ancre de marine en toutes circonstances. Un bonnet nous suffisait. Nous faisions simplement avec ce que nous avions sous la main, et portions plutôt des vêtements en laine, chauds l'été, mais tellement lourds l'hiver quand ils étaient mouillés et qu'ils refusaient de sécher.

Dans le registre du confort moderne, il faut aussi imaginer ce temps pas vraiment béni où les bateaux étaient si peu étanches que l'eau s'infiltrait comme un pique-assiette à un cocktail. Et si peu chauffés que nous nous couchions tout habillés, en nous demandant comment il était possible de supporter ces températures polaires.

Pour nous réconforter ? Des produits à l'ancienne, bien souvent. Il y a toujours eu du vin à bord des *Pen Duick*, et la réputation de la cave ira grandissante au fil des années, car peu importait le poids des liquides embarqués, seule la qualité comptait. « C'est la seule boisson qui désaltère », disait mon frère. Je ne l'ai d'ailleurs jamais vu boire une goutte d'eau.

Cet hiver-là, une fois débarqués à Brixham, nous nous sommes rendus chez le maître voilier.

Les voiles étaient prêtes. Du cousu main, un travail admirable. À l'anglaise, je dois bien le reconnaître.

Mon apprentissage a continué ainsi, en mer comme sur terre. J'ai appris à travailler seul, à réparer les bateaux que j'avais récupérés de-ci de-là ; j'ai aussi appris à me déplacer, au gré des invitations que me lançait Éric.

Dans le monde de la mer, s'il existait un métier de crève-la-faim, c'était bien celui d'équipier. Bien sûr, tu étais invité à naviguer, mais tu n'étais pas défrayé, il fallait au contraire se débrouiller pour payer le reste, les frais de transport pour se rendre aux lieux de rendez-vous, la nourriture pendant la course ou la croisière. Tout cela était parfaitement normal. Comme j'étais le jeune frère, j'avais le privilège de ne pas participer à la caisse commune pour la nourriture. Et, étant trop jeune pour travailler, il m'arrivait aussi de quémander un petit crédit à papa-maman pour pouvoir me déplacer. Sinon, je me débrouillais. Quand les moyens manquaient pour rejoindre le port de départ, je me rendais tant bien que mal, pouce levé, conducteurs plus ou moins affables, jusqu'aux lieux de rendez-vous, Cherbourg, Brest, la Bretagne, la Normandie...

Je me souviens ainsi d'une nuit tombée trop vite, de voitures trop rares pour l'auto-stoppeur, d'une gare fermée... À Avranches, je crois. Sur le parking, un car dont une des portes n'était pas verrouillée. Je me suis glissé dans l'habitacle. J'y ai dormi du sommeil du juste. La nuit a été bonne et j'ai pu m'éclipser avant que le conducteur ne fasse chauffer le moteur. De toute façon, en ce temps-là, il n'y avait pas grand-chose d'interdit tant que l'on respectait les usages et la bienséance...

Une autre fois, mon père et moi devions rejoindre Éric en train. Cheveux courts tous les deux, air martial, rasés de frais et le sac à l'épaule, le guichetier de la SNCF nous a pris pour des marins en permission et nous a gratifié du tarif militaire. Puisqu'il nous avait confondus avec des membres de la grande muette, nous ne l'avons pas contredit...

Une fois à bord de *Pen Duick*, toujours prêt à aider et à jouer mon rôle, je restais pourtant en retrait, et si quelqu'un voulait une place ou jouait des coudes, je m'effaçais. Tellement heureux déjà qu'Éric m'emmène. J'admirais en secret sa force physique, son charisme, sa prestance, son humeur égale car il ne rouspétait jamais. Et puis, j'ai très vite compris qu'il n'était jamais plus heureux que sur l'eau.

Mais j'ai aussi découvert à cette époque que, une fois sur la terre ferme, il prenait du plaisir à chanter. Cependant, quand il poussait la goualante – des chants traditionnels de marins en général –, il ne faisait pas bon être dissipé. Mon frère supportait mal les bavardages et l'inattention. Il fallait l'écouter, c'est tout. Tandis que lui, perfectionniste jusqu'aux vibrations de ses cordes vocales, s'appliquait et tentait de ne pas rater un couplet.

De mon côté, les jours passèrent aussi au rythme lent des examens plus ou moins réussis. Le jour de mes 18 ans, trépignant d'impatience, j'obtins enfin mon permis de conduire, et comme maman ignorait tout du maniement d'une automobile, je lui servis quelques mois de chauffeur. De temps en temps, petite filouterie supplémentaire, j'empruntais aussi la voiture de mon père. Sans toujours la lui demander. Je savais qu'il lui arrivait de relever le kilométrage de la DS, vieille pratique connue des parents soupçonneux. Mes nouvelles compétences en entretien automobile me furent bien utiles. J'avais rapidement trouvé le moyen de débrancher le câble du compteur qui aurait établi la preuve de mon forfait puis, avant de remettre la voiture à sa place dans le garage, je prenais toujours soin de rajouter un peu d'essence. J'aime à croire encore aujourd'hui que papa ne s'est jamais rendu compte de rien...

Pour le reste, que dire de notable ou de positif ? Mes relations avec l'Éducation nationale étant toujours tendues, j'ai été contraint de passer un bac, sans parvenir à attendrir correcteurs et examinateurs. Alors que le travail ne me faisait pas peur lorsqu'il s'agissait de toucher à des choses concrètes, je suis resté rétif jusqu'à la fin aux devoirs sur table et autres interrogations d'anglais...

J'ai donc brillamment raté l'examen, et maman, décidément la plus ferme de la famille, n'a pas voulu que je redouble. Honnêtement, je n'y étais pas non plus très favorable. Je n'ai pas envoyé ma demande de sursis et j'ai devancé l'appel pour remplir mes obligations militaires.

J'avais 19 ans, nous étions en 1963. L'année suivante, mon frère allait écrire l'une des plus belles pages de la voile océanique française.

Et moi, je désertais mon enfance...

2

Partir

Personne ne savait que j'étais le frère d'un héros ; personne ne faisait le rapprochement entre Éric et moi.

J'étais en train de repeindre la caserne. J'avais accepté sans mot dire cette corvée pour glaner trois misérables jours de permission.

Pinceau en main, pot de peinture à mes pieds, un transistor qui crachait en continu pour accompagner ma lassitude. Nous étions en juin de l'année 1964.

J'avais revêtu l'uniforme depuis moins d'un an. Après quelques mois de classes à Joigny, on m'avait envoyé dans le Grand Est, à la caserne Jeanne-d'Arc de Thionville. Membre plutôt actif du 25e régiment d'infanterie lourde divisionnaire.

Une dénomination que j'imaginais un peu pesante, et surtout dix-huit mois sous les drapeaux, où je craignais de finir par tourner en bourrique.

L'impression d'inutilité que je ressentais était toutefois étouffée par les énormes doses de fatalisme qui m'habitaient. Puisqu'il fallait le faire, puisque c'était mon devoir de jeune citoyen, que ce soit Joigny, Thionville ou ailleurs, peu m'importait.

Si le service militaire n'existe plus, si certains envisagent de rétablir une nouvelle version plus civile de ce don personnel à la Nation, à l'époque il avait quelques nobles vertus : quitter son village n'était pas fréquent, se mélanger socialement ressemblait à une acceptation de l'autre, et découvrir son prochain était une opportunité encore peu commune. C'est probablement pour ces raisons que le port de l'uniforme et le long bail signé avec l'armée marqueront à jamais ceux qui y furent conviés. Et qui, souvent, seront capables d'en parler jusqu'au crépuscule de leur vie. C'est ainsi.

Des bribes d'existence, des instants de vie, des sourires partagés et des jours à se morfondre. Mes « je me souviens » ne sont pas si nombreux, ayant vu passer ces longs mois sans véritable plaisir, excepté lorsque je quittais la caserne pour rejoindre mon frère ou quelques amis qui m'invitaient à naviguer…

Des rires de chambrée, des salves d'obus, des garde-à-vous et des rapports hiérarchiques, rien de plus.

Et, en même temps, parce que je ne souhaitais pas rester inactif, je m'occupais sans faillir. Je fus d'abord versé dans les transmissions, puis dans un groupe chargé d'effectuer des relevés topographiques. Nous partions en jeep dans la campagne avec un lieutenant, un adjudant et deux ou trois appelés comme moi. Tandis que le sous-officier vaquait à des occupations peu militaires – il adorait cueillir les champignons –, nous apprenions à repérer, à viser, puis à dessiner sur des cartes des clochers de village, des ponts, des tunnels ou de grands arbres, ce que nous appelons, en navigation, des « amers remarquables ».

Comme j'étais censé profiter de ce no man's land professionnel pour réfléchir à mon futur métier, moi le jeune homme sans diplôme, et toujours sans envies, ce travail me plut, d'autant que l'un de mes frères d'armes au nom romantique, Gérard Poète, était déjà géomètre, et la façon dont il me vantait les attraits de son activité avait de quoi me séduire.

Je m'imaginais déjà en homme de terrain travaillant dehors, ce qui, sans le savoir, était probablement ce que je recherchais. Cependant, ce travail de mesures, de calculs, demandait des qualités que je ne possédais pas vraiment, mais, après tout, pourquoi pas ? L'idée en tout cas faisait lentement son chemin jusqu'à ce que, non en fait, je comprenne un jour que je préférais faire autre chose de ma vie.

Le seul intérêt que je trouvais dans cette période kaki, c'était, comme souvent, l'aspect sportif. Même si, lors de mon incorporation, les médecins m'avaient découvert un prétendu souffle au cœur, ce qui, normalement, aurait dû m'empêcher de courir... J'appris juste à doser mes efforts, refusais parfois les longues marches, mais ne rechignais jamais à participer au « parcours du combattant » qui, si on y faisait bonne figure, permettait de décrocher quelques jours de permission supplémentaires. J'aimais cet exercice difficile, ramper, grimper, sauter, courir, éviter les obstacles, transpirer, en baver, repousser mes limites physiques. Je terminais d'ailleurs régulièrement dans les trois premiers et en étais récompensé.

Je me démenais ainsi depuis novembre 1963 ; quelques mois plus tard, en mai de l'année suivante, mon frère participait à la deuxième édition de la Transat anglaise. Autant dire que, ici, entouré de terriens qui n'auraient pas su distinguer l'avant d'un voilier de sa poupe, je faisais figure de marginal alors que je tentais d'expliquer ce qu'il en était ou d'obtenir quelques nouvelles de la course… « Qu'est-ce que tu écoutes ? » J'avais beau répondre, essayer d'expliquer, un bateau, un homme dessus, une course, un océan à traverser, personne ne comprenait vraiment de quoi je parlais, ni de ce qu'Éric était en train de réaliser…

Traverser l'Atlantique semble aujourd'hui un amuse-bouche nautique ou une partie de plaisir, qui ne durerait que le temps d'un long week-end et de quelques jours de récupération. Dans ces *sixties* qui n'étaient pas de tout repos, le concept paraissait pourtant irréel. Il n'y avait eu qu'une seule édition de la course, en 1960. Les journaux avaient alors crié à la folie, le public se partageait entre dédain et incompréhension, évoquait la notion d'acte insensé… S'ils ne furent que cinq au départ, si le vainqueur, le légendaire Sir Francis Chichester, à la barre de son *Gipsy Moth III*, avait mis plus de quarante jours pour relier Plymouth à Newport, la Transat eut pourtant un formidable retentissement et un écho quasiment planétaire. Si puissants qu'Éric avait été subjugué par le principe de l'épreuve.

Assez vite, il avait décidé d'y participer.

Éric avait été très influencé par le récit que Chichester avait fait de sa victoire dans la première Transat. Ce qu'il voulait, c'était, avant tout, un voilier simple à manœuvrer.

Au cours de l'été 1963, nous avions participé à la saison des régates, sur *Margilic V*, un bateau de course d'un peu moins de 10 mètres. Les Costantini, qui l'avaient fabriqué, avaient accepté de le confier à Éric pour qu'il puisse s'entraîner en vue de son nouvel objectif.

À l'aise sur *Margilic V*, et voyant qu'il pouvait sans doute manœuvrer sans difficulté un bateau plus long encore, Éric avait alors décidé de faire construire un voilier de 13,60 mètres, estimant qu'un homme seul, lui en l'occurrence, serait tout à fait apte à le faire avancer. À condition de modifier quelque peu le gréement. C'est pour cette raison que le nouveau *Pen Duick*, deuxième du nom, possédait deux mâts : un grand devant ; un petit, nommé l'artimon, derrière. C'est ce que l'architecture navale appelait un ketch. Pour mon frère, ce type de configuration permettait surtout de diminuer ou plutôt de diviser la superficie des voiles, chacun des mâts proposant une surface de toile plus réduite que sur un sloop ou un cotre, deux types de bateaux munis d'un seul mât.

Dans mes souvenirs, la construction fut rapide, mais le nouveau *Pen Duick*, comme souvent, ne sera mis à l'eau qu'in extremis. Parler encore d'argent commencerait à devenir répétitif, mais, à cette époque, les poches de mon frère étaient bien vides. Une aide financière fut apportée, comme par miracle, par un magazine qui lui acheta l'exclusivité du récit à venir, et quelques partenaires offrirent du matériel... Même la Marine nationale y alla de son coup de main en réalisant la pose de la quille dans les ateliers de son arsenal lorientais.

Pen Duick II ne sera baptisé que le 10 mai 1964, soit treize jours seulement avant le départ de la redoutable épreuve transocéanique. Éric put se rendre au départ, en compagnie de notre père. Légèrement en retard, si mes souvenirs sont bons.

Le reste de l'aventure appartient à l'histoire de la voile française... Quinze solitaires au départ de Plymouth, un règlement nouveau qui obligeait notamment les marins à avoir une radio à bord. Peu de communications pourtant entre Éric et la terre, de rares informations transmises via les avions qui le survolent ou les cargos qui le croisent. Vents forts, houles rondes, pluies battantes, calmes qui rendent nerveux, pilotes qui lâchent, marsouins qui jouent près de la coque, réparations de fortune, livres emportés mais pas ouverts, repas qui scandent le temps, réveil cassé, sommeil qui répare quelques dégâts, ascensions du mât, brouillard qui tombe...

La fin de course commence à se dessiner. En se rapprochant des côtes américaines, Éric ignore s'il est en tête : il ne connaît pas la position de ses adversaires. Des bateaux de pêche, un, puis deux avions tournent autour ou au-dessus de lui. Puis c'est une vedette partie du bateau-phare de Nantucket qui s'approche pour noter nom et numéro du voilier. Mon frère demande au matelot pilote combien de concurrents sont déjà arrivés. Le « *You're the first* » répété plusieurs fois stupéfie le futur vainqueur. De la même manière que le marin américain n'en croit pas ses oreilles lorsqu'Éric lui confirme qu'il est seul à bord...

Une hérésie, à l'époque.

Une dernière nuit un peu au large, les premières vedettes, notre tante Mony, l'une des sœurs de papa, des journalistes, le consul de France et l'attaché d'ambassade qui annonce à Éric qu'il est d'ores et déjà fait chevalier de la Légion d'honneur, et puis le ponton de Newport, une arrivée sublime, sans moteur... Après 27 jours, 3 heures et 56 minutes de mer.

Et moi qui apprends tout ça, par bribes, sur ma petite radio, tandis que la peinture sèche sur les murs de la caserne. Personne ici ne sait que je suis le frère d'un héros ; personne ne fait le rapprochement entre un soldat qui rafraîchit chambres et couloirs et un marin qui vient de terrasser l'Atlantique.

Éric ne m'a pas fait libérer, mais il m'a permis d'obtenir un joli cadeau...

L'heure de ma libération n'avait pas encore sonné... J'ai pourtant eu droit à un présent inattendu. Convoqué dans le bureau du colonel, je m'entends dire qu'il a reçu l'ordre du ministère de m'octroyer une permission exceptionnelle. Quarante-cinq jours ! Comme une sorte de mise en liberté anticipée. Je savais d'où cela venait, Éric m'avait prévenu. Il avait fait une demande en sachant que, au sein de la hiérarchie militaire et depuis son exploit, personne ne pouvait rien lui refuser. Je suis néanmoins un peu surpris par cette largesse accordée par mes galonnés. Même s'ils y sont obligés et même si l'adjudant de la compagnie, mécontent de ce traitement de faveur, m'infligera ensuite quelques vexations jusqu'à ce que je sois définitivement rendu à la vie civile, en avril 1965.

En attendant de quitter l'armée, fidèle à ma philosophie empreinte de modestie et de discrétion, j'avais de toute façon décidé de rester tranquille. De ne pas trop la ramener. Partir discrètement pour retrouver la mer, mon père parfois, Éric souvent, voilà ce qu'était ma principale motivation.

J'ai pu partir rapidement de Thionville, et, bénéficiant du tarif militaire, j'ai snobé l'auto-stop pour rentrer en train. Jusqu'à Cherbourg ou Le Havre, je ne sais plus, j'ai rejoint si souvent Éric pour des courses ou des navigations que mes souvenirs se mélangent. Ce dont je me souviens, c'est que je suis passé par Avrillé pour saluer la famille et récupérer mes affaires de marin, avant de remonter dans un train pour retrouver mon frère et le reste de sa troupe.

La course pour laquelle j'étais convoqué se déroulait en août et comptait deux étapes : la première entre Yarmouth et Santander, grand port du Pays basque espagnol ; la seconde entre Santander et La Trinité. De retour en France après son exploit, ayant fait revenir *Pen Duick II* des États-Unis par cargo, Éric entendait le tester en équipage, même s'il estimait que sa conception, pensée pour un solitaire, allait se révéler sans doute un peu juste face aux autres bateaux de course-croisière.

L'aller s'est déroulé très correctement ; nous marchions bien, même. Notamment face à *Outlaw*, le favori de notre catégorie, un cotre flambant neuf dessiné par Illingworth & Primrose, architectes anglais fameux, construit à Cowes au chantier Souters... Un bateau superbe, acajou et barre à roue sculptée. Plus gros que nous avec ses 15 mètres de long. Et qui a terminé logiquement devant.

La phase retour, au contraire, s'est très mal passée. Il faut dire, d'abord, qu'Éole y a mis du sien et s'est révélé méchamment meurtrier : des concurrents ont fait naufrage et l'on a déploré cinq disparitions. Le vent a ensuite tourné, et même si le mauvais temps a continué, nous y avons trouvé notre compte, au travers comme au bon plein, allures qui nous ont permis d'atteindre une jolie moyenne. En effet, nous allions si vite que le loch que nous traînions au bout d'un cordage pour estimer notre vitesse sortait régulièrement de l'eau.

Que tombe la nuit, que disparaissent nos poursuivants. *Outlaw*, notamment... Nous nous rapprochions à grands bords de l'arrivée. Selon nos estimations, nous étions même en tête et devions débouler en vainqueurs à La Trinité.

Un orage soudain, avec de violents éclairs qui brouillent parfois toute visibilité. Sur l'avant tribord, sous le vent, nous distinguons pourtant les lumières d'un phare.

« C'est déjà Belle-Île ! » estime Éric. Nous sommes trop au large donc, mais bien en avance sur notre temps. L'hélice du loch avait dû probablement mal fonctionner.

Nous tirons alors vers la terre, mais là notre bon capitaine ne reconnaît rien, ni ces amers remarquables qui caractérisent la terre ferme, ni les côtes morbihannaises. Alors, en désespoir de cause, nous repartons vers ce qui paraissait être Belle-Île. Pour vérifier, pour tordre le cou au doute. Et un aller-retour pour rien.

« Au lieu de dire des conneries, tu ferais mieux d'aller te coucher. »

« Éric, tu es sûr que c'est le phare de Belle-Île ? » Ma réflexion ne suscite pas de réponse mais un commentaire acerbe : mon frère n'aimera jamais trop qu'on lui fasse des remarques, voire des critiques sur ses capacités de navigateur. Plutôt que de proférer des sottises dues à mon jeune âge, il me conseille d'aller dormir.

Il compte alors la période des éclats du phare, puis redescend à la table à cartes ; il lui suffit de quelques minutes pour s'apercevoir qu'il s'est trompé. « Merde, c'est l'île d'Yeu ! » Très en dessous de Belle-Île... Encore bien loin de la ligne d'arrivée. Et que de temps perdu pour une erreur de navigation !

Nous avons fini au près serré jusqu'à La Trinité, une allure laborieuse que les marins ne goûtent guère, et terminé bons derniers, si tard que les équipiers d'*Outlaw* avait imaginé le pire parce qu'ils pensaient que nous finirions loin devant eux... Enfin, avant de passer l'île d'Yeu, pardon... Belle-Île.

L'arrivée fut pourtant magnifique. C'était le retour du vainqueur de la Transat. Il y avait un monde fou, une forme de liesse collective qui laissait entendre que l'exploit d'Éric avait eu des répercussions phénoménales. Lui prenait ça avec son habituelle modestie, comme s'il ne comprenait pas la portée de ce qu'il avait réalisé.

De cette première navigation à bord de *Pen Duick II*, j'avais beaucoup appris, sur les déplacements dangereux par gros temps sur le pont, sur la navigation... J'en avais également retiré quelques bonnes sensations : le comportement du voilier se révélait très intéressant dans la brise, les manœuvres à son bord étaient à notre portée, même si, l'ayant trouvé un peu sous-toilé pour une prochaine saison en équipage, Éric décidait quelques semaines plus tard d'augmenter la surface de voilure. À bord, j'appréciais que les moteurs soient toujours bannis, et l'huile de coude bienvenue.

Tout cela me plaisait bien.

Éric transformera donc progressivement son *Pen Duick II*, le faisant passer de la catégorie ketch à celle de goélette. À la fois une histoire de dénomination, de jauge et de modification du placement et de la taille des deux mâts. Par un effet de passe-passe, le grand mât deviendra mât de misaine, quand l'artimon, le plus petit et le plus près de la poupe, sera positionné différemment, plus avancé sur le pont, et de plus haute taille pour augmenter la surface des voiles qu'il portera. Mon frère installera aussi un wishbone sur la misaine.

Par la grâce de ses nouveaux travaux, *Pen Duick II*, qui était par essence un bon bateau, deviendra meilleur encore. Il marchait mieux, restait agréable à barrer, quoique toujours plus vif dans ses réactions, parfois trop. Je me souviens d'une manœuvre vers l'avant où il m'avait fallu aller sous le vent, rien d'un endroit dangereux, mais qui nécessitait néanmoins de se cramponner. J'étais arrivé au hauban, quand soudain un gros coup de gîte avait plongé le pont et les chandeliers dans l'eau. J'avais senti mes jambes partir à l'horizontale et je m'étais retrouvé à cheval sur la filière. Je m'y étais accroché avant de retourner dans le cockpit.

« Patrick, il faut que tu fasses attention. » J'aimais bien quand mon frère me donnait des preuves, rares mais toujours justes, de son attachement à moi...

Mon temps de servitude militaire tirait à sa fin. J'avais abandonné l'idée de devenir géomètre. Il me fallait songer à une reconversion. Non, le mot n'était sans doute pas le plus adapté : à 21 ans, je n'avais pour l'instant été converti à rien. Chercher du travail ? Mais comment faire ? Disons que j'allais m'y employer mollement. Heureusement, mes parents et Éric allaient s'y mettre. Avec plus de succès.

C'est Éric qui a entendu parler par ses amis Costantini d'un poste au sein de leur chantier.

« Ton frère va bientôt être libéré ?

– Oui.

– On a peut-être quelque chose pour lui. Dis à Patrick de passer nous voir. »

À peine revenu aux affaires civiles, je me suis donc présenté, j'ai discuté, questionné, convaincu. Je faisais apparemment l'affaire, parce que j'ai été immédiatement embauché comme chef de chantier. La maison Costantini possédait deux sites : le premier établissement était à La Trinité ; le second un peu plus loin à Saint-Goustan, au bord de la rivière d'Auray.

Éric m'avait chargé de la surveillance de Pen Duick II, *j'avais trouvé que c'était un fort joli cadeau.*

Le boulot me convenait parfaitement. Le plein-air, les bateaux et l'exercice physique. L'essentiel de ma tâche consistait à tirer les navires à terre afin de les réparer ou les mettre à l'abri pour l'hiver. J'étais payé 500 francs par mois, une misère, j'utilisais constamment ma 2 CV, que je venais de racheter à papa, sans recevoir de dédommagement financier, mais c'était comme ça partout : l'heure n'était ni aux voitures de fonction, ni aux défraiements kilométriques. Je me coltinais des journées où il n'était pas question de compter mon temps, avec trois autres solides gaillards. Ensemble, nous hissions à terre les embarcations à entretenir, puis les remettions à l'eau une fois en état de naviguer.

La manœuvre pouvait se révéler longue et compliquée. Pour remonter les navires à l'intérieur du chantier, nous utilisions des rails de chemin de fer que nous déplacions au fur et à mesure jusqu'aux hangars. Pour ce type de déplacement, il valait mieux attendre que la marée soit étale. La période était certes courte mais nous permettait d'éviter le courant traversier de la rivière. Si nous devions faire monter ou descendre deux unités dans la même journée, ça exigeait de nous une débauche d'énergie, aussi bien physique que nerveuse...

Rien n'était facile en effet. Ainsi, je me souviens de ce jour où je devais sortir le bateau des parents d'une amie. Nous nous y sommes mis un peu tard, le chariot était dans l'eau, nous avons posé le voilier tant bien que mal dessus, puis l'avons tiré, mais le chariot est sorti des rails. Pas d'autre solution pour le remettre sur la bonne voie que de faire reculer le navire dans l'eau. J'ai sauté au plus vite sur un des bateaux à moteur du chantier, j'ai attaché un bout sur les winches du voilier et son extrémité sur le taquet de la vedette pour tenter de tirer le bateau en arrière et libérer ainsi le chariot.

Avec la fougue intempestive de ma jeunesse, j'ai mis les gaz, et des craquements terribles se sont fait entendre. Deux des trois winches ont été arrachés du pont, alors que le taquet de la vedette, lui, a parfaitement rempli son rôle. En ceinturant la coque avec une aussière, je suis parvenu, néanmoins, à remettre le bateau dans l'eau et à le ramener au mouillage. Nous avons attendu la marée suivante pour que notre tentative soit couronnée de succès.

Bien sûr, nous avons prévenu le propriétaire et la compagnie d'assurances. Une expertise a été demandée, au cours de laquelle les assureurs ont découvert deux membrures cassées à l'intérieur. Impossible que cela se soit produit pendant le transbordement. Je n'y étais pour rien... J'ai bien senti qu'on me considérait comme le responsable des dégâts. Deux mois après, les menuisiers ont commencé les travaux et constaté qu'une troisième membrure avait également été brisée. Disons que j'ai été blanchi.

Grâce à ce travail de force et de finesse, les mains dans la colle, le mastic, le cambouis, je me sentais utile et j'appréciais de travailler le bois et le métal... Je m'épanouissais moins dans la fonction de chef de chantier imprimée en haut de ma fiche de paie. D'autant que les autres employés savaient que je n'en avais pas encore tout à fait les compétences et ne me loupaient pas. À la moindre erreur, les critiques pleuvaient plus dru qu'un grain de novembre.

Je faisais mes premières armes. J'ai appris par exemple à couler une quille en plomb. Exercice de petite voltige et de grande dextérité. D'abord, il faut monter un gabarit en bois, puis concevoir un coffrage rempli de sable, qui recevra l'empreinte de la quille et servira de moule. Il faut ensuite un tuyau qui part d'une cuve métallique placée à bonne hauteur et dans laquelle des barres de plomb se liquéfient sous l'effet de la chaleur d'un grand feu de bois. Surtout, ne pas oublier de chauffer le tuyau qui fait circuler le liquide en fusion. Ni de mélanger plomb et antimoine pour rendre la quille plus dure et plus rigide. Elle peut alors prendre forme et poids.

J'adorais ce genre d'activité et m'ennuyais intensément quand je n'avais rien à faire.

Lorsqu'il ne disputait pas de courses, Éric me chargeait de veiller sur *Pen Duick II*. À cette époque, pas de quais, de pontons ou de catways à La Trinité. Simplement des corps-morts souvent posés par mon ami ostréiculteur François Daniel, qui répondait avec gentillesse et célérité aux demandes des propriétaires de bateau. C'est amarré à l'une de ces bouées que le voilier vainqueur de la Transat coulait des jours plutôt paisibles. Comme moi.

Même si tout ne fut pas toujours de tout repos : les bons moments de navigation avec des amis alternaient avec des séquences où le désarroi montrait les dents. Ainsi, ce matin où je passe sur le port pour vérifier que tout va bien. J'arrive… plus de *Pen Duick II* à son corps-mort. Lors du coup de vent de la nuit qui venait de se terminer, le bout qui l'y reliait avait cédé, et, porté par les souffles et les courants, le voilier était allé s'échouer un peu plus loin sous le pont de Kerisper où je le distinguais, droit sur sa quille, quoique dans un équilibre somme toute précaire. La pile de ce même pont ne se trouvait qu'à deux mètres des haubans, et le bateau semblait un funambule à l'arrêt… Il n'y avait même pas un centimètre d'eau sous la quille. J'avais tellement peur que le vent se remette à souffler que je n'osais même pas grimper à bord, ni tenter de poser des amarres pour le sécuriser. L'unique solution consistait à demander de l'aide au plus vite à François Daniel. Il m'a rejoint presque immédiatement et nous avons attendu que la marée remonte, mais, une fois haute, il manquait encore trente ou quarante centimètres pour que *Pen Duick II* flotte complètement. À l'aide d'une drisse de mât, nous l'avons alors doucement couché sur l'eau, avant de le tirer avec une infinie lenteur. Progressant centimètre par centimètre, nous avons sorti le navire de ce fort mauvais pas, jusqu'à relâcher doucement le bout. À notre grand soulagement, nous l'avons vu se redresser.

Si, d'aventure, il était tombé sur la pile du pont, au mieux les mâts se seraient brisés, au pire la coque se serait sérieusement abîmée, et nous n'aurions rien pu faire pour éviter cette catastrophe...

Aux beaux jours, en revanche, j'avais à ma disposition le plus merveilleux des bateaux. Les croisières à Belle-Île, à Houat, les huit nœuds de moyenne parfois entre les îles, il n'y avait pas meilleure école pour améliorer mes compétences de marin et décupler mon plaisir de naviguer. Comme toujours, le confort était rudimentaire : de simples bannettes, une petite cuisine, le strict minimum pour la vie à bord. Nous partions à cinq ou six, pour des balades, à cinq ou six aussi pour les courses à disputer lorsque Éric revenait à la barre. Là encore, je ne me rappelle plus des classements. Je me souviens d'un Fastnet couru ensemble... Le Fastnet que, une nouvelle fois, nous n'avions pas gagné. En 1959, nous avions abandonné, et, en 1963, avec le *Margilic V* nous avions certes fini mais assez loin à cause d'une mèche de safran tordue.

Le temps passait ainsi, au rythme des marées puis des saisons, des promenades joyeuses et des courses en équipage. L'hiver, je logeais dans la maison familiale de Saint-Pierre-Quiberon, souvent seul pour tenir compagnie au feu de cheminée qui ronflait gentiment... Puis, au cours d'un bel été, j'ai cédé la place aux vacanciers pour nous installer, ma tente de camping et moi, dans le jardin de Marc Costantini, juste en face du chantier qui m'employait encore.

J'ai fait mes armes là-bas, sur place. Les gens savaient que j'étais le frère d'Éric, c'était important.

Fin 1965, une étonnante opportunité s'est présentée à moi, le petit gars des mers et des champs, avec mon costume mal taillé de chef de chantier. Chez Costantini, l'activité était en baisse. Comme je ne voyais guère venir d'augmentation en dépit de mon application et de mon implication, je m'étais dit qu'un peu de changement pourrait m'être profitable.

Un shipchandler parisien est venu me débaucher. General Marine, c'était le nom d'une société où Éric se fournissait parfois en accastillage. C'est probablement lui qui leur a donné mes coordonnées lorsqu'il a su qu'ils voulaient recruter quelqu'un...

Un coup de téléphone a suffi pour que j'accepte la proposition et j'ai débarqué en plein cœur de Paris.

J'ai retrouvé là de vieux copains d'Angers : Philippe Oger, Monique Justeau, Yves et Cathy

Cudennec, François et Béatrice Gomot, et surtout les deux frères Rousseau, Alain et Yves, que j'avais connus au cercle de voile et avec qui j'allais partager une colocation rue Monge, pas très loin du Panthéon. Leur oncle possédait le magasin de sport du rez-de-chaussée. C'était un homme assez ouvert d'esprit, qui nous laissait vivre comme nous l'entendions. Nous étions même encouragés discrètement à faire tout le bruit possible car le tonton désirait voir partir des locataires qu'il n'aimait pas beaucoup. Malgré tous nos efforts, et aussi excédés fussent-ils par notre mode de vie, nos horaires et nos divertissements bruyants, nous ne sommes pas parvenus à leur donner l'idée de déménager.

C'était il y a un demi-siècle environ, et il faut imaginer trois jeunes célibataires dans ces années 1960, à une époque où la liberté frappait à toutes les portes. Nous avons eu l'occasion d'organiser quelques belles fêtes dont le déroulé s'est depuis perdu dans le marécage de mes souvenirs... Aux heures ouvrables, j'allais travailler rue de la Manutention, petite artère calme en cul-de-sac entre deux avenues chics du XVIe arrondissement, celles d'Alma et d'Iéna. Nous étions quatre dans l'entreprise : le patron, Raoul Dumont – par ailleurs très bon vendeur –, son fils Jean-Philippe, Paulette, la secrétaire, et moi, le nouveau venu.

J'étais une sorte de magasinier ou d'homme à tout faire et j'aimais bien ça. Nous distribuions des marques d'accessoires de qualité, nous importions les premiers 505 ou les Flying Dutchman, dériveurs de compétition que nous faisions livrer depuis l'Angleterre, nous fournissions de gros chantiers.

Réparation de pièces, gestion des stocks, matelotage, je trouvais là une agréable caverne pour y loger mon nouveau bonheur. Que je découvrais en me félicitant : l'apprentissage continuait et j'étais de plus en plus persuadé que mon avenir ne m'éloignerait jamais du monde de la voile.

J'allais rester dans cette entreprise un peu plus de quatre ans, alternant périodes de travail et périodes de navigation.

C'est d'ailleurs chez General Marine que j'ai découvert le concept de congé sans solde, auquel je recourrais souvent au long de ma carrière. Lorsque je demandais l'autorisation de rejoindre un bateau, elle m'était systématiquement accordée.

Parfois, il me suffisait de laisser un petit mot sur le bureau : « Je ne serai pas là le week-end prochain » ou « Je reviens mercredi ». Et si je disparaissais sans explication, mes collègues en comprenaient la raison. Enfin, souvent. Combien de fois ai-je eu droit à cet aimable dialogue entre sourire contraint et doux reproches :

« Allez, j'y vais. Au revoir.
– Mais, Patrick, tu ne peux pas partir !
– Désolé, mon frère m'attend.
– Si tu pars, ce n'est pas la peine de revenir… »
Je partais, je revenais.
« Salut, Patrick, comment ça s'est passé ?
– On a gagné… »
Je faisais au mieux pour perdre le moins de temps possible. Je me souviens qu'un jour Éric était venu m'attendre à Cherbourg pour disputer la Channel Race et m'éviter de prendre le ferry pour l'Angleterre. Nous avions ensuite filé vers Cowes pour le départ de la course, puis, après la course, mon frère m'avait débarqué à Cherbourg afin que j'attrape un train pour Paris.

Une fois rentré, je me remettais au travail. Toujours content, toujours avide d'apprendre. C'est à Paris, que j'ai fait la connaissance de personnages comme Bruno Troublé – qui allait devenir à la fois l'un des pontes de la voile française et l'un des grands ordonateurs de la Coupe de l'America et de la Coupe Louis Vuitton en particulier –, et de quelques merveilleux manieurs de dériveurs comme Marcel Buffet, spécialiste du 505, ou Patrick Aegeli, prince incontesté du Flying Dutchman.

C'est aussi à Paris que se tenait le Salon nautique, rassemblement annuel du monde de la voile. Cette grande manifestation venait de quitter les quais de Seine pour les nouvelles installations du quartier de La Défense. Nous y tenions nos stands, un ou deux en fonction des années, et c'était nous qui fabriquions les cloisons où nous présentions nos matériels d'accastillage et aménagions la zone d'exposition de nos bateaux. Comme il nous fallait tout faire nous-mêmes, nous travaillions comme des dingues, jusqu'à l'épuisement.

La journée terminée, parfois à l'heure où le soleil se levait, je retournais dans ce Quartier latin qui abritait mes rares moments de repos. C'est là que, un jour, sans vraiment comprendre ce qui se passait, je m'étais retrouvé mêlé malgré moi aux « événements » de Mai 68. Je me souviens des grands défilés qu'il me fallait parfois traverser de part en part pour me rendre au travail. C'était bien pire que de naviguer d'un point à un autre : brinquebalé par le flot des manifestants qui m'emportait, je pouvais y perdre quelques dizaines de minutes. Ce qui m'agaçait plus que les revendications étudiantes, même si je n'avais pas – et n'aurai jamais – l'âme révolutionnaire.

Éric, de son côté, avait lancé, quelques mois auparavant, la construction de ce qui allait devenir l'une des plus fameuses goélettes de la voile française : le fabuleux *Pen Duick III*, une fusée de

17,45 mètres de long, effilée comme un sabre, rapide comme une balle de fusil... Mais, pour la financer, Éric avait besoin d'argent et le ministère des Sports avait envisagé de lui racheter le *Pen Duick II* contre la somme assez rondelette pour l'époque de 10 millions d'anciens francs. Soit, grosso modo, et sans tenir compte de l'évolution du coût de la vie, l'équivalent de 15 000 euros d'aujourd'hui. L'idée était de transformer le vainqueur de la Transat en navire-école.

L'opération fut particulièrement longue, mon frère ayant été – si je puis me permettre cette expression de circonstance – « mené en bateau » par quelques décideurs imbus d'eux-mêmes. L'affaire fut finalement conclue avant que le voilier ne se retrouve tristement au sec. Lors de la première sortie de *Pen Duick II* sous les couleurs de l'École nationale de voile (ENV), alors que le bateau partait pour l'Angleterre, il a heurté un caillou à proximité des Glénan. Voie d'eau, pompe en marche, l'équipage est parvenu à le ramener jusqu'à Port-Haliguen. Il ne sera pas réparé pendant des années, juste posé sur un ber, une charpente en bois qui soutient un bateau quand il est au sec, à l'entrée de l'école, sur le terre-plein de Beg-Rohu, siège de l'ENV.

Triste fin pour un si beau voilier.

Éric gardera longtemps en mémoire cet épisode où les promesses non tenues le disputaient aux mensonges éhontés. Dieu merci, le ketch coule aujourd'hui des jours paisibles à la Cité de la Voile Éric Tabarly de Lorient, reconstruit à l'identique, et qui ressemble comme deux gouttes d'eau à l'original : même quille, même gouvernail, même safran, même gréement... et même selle de moto que celle qui servit de siège à mon frère lorsqu'il traversa l'Atlantique.

Je m'en félicite : comme Éric, j'ai toujours eu un faible pour la préservation de nos plus belles unités. De la même manière, je n'aime pas qu'on entretienne mal les bateaux, je ne supporte pas les destins contrariés ou maudits, et déteste pardessus tout voir dépérir une embarcation, quelle qu'elle soit, dans ces tristes mouroirs que l'on appelle des cimetières. Comme pour les êtres humains.

Une fois cet épineux dossier soldé, Éric s'attela à la construction de son nouveau *Pen Duick*, troisième du nom.

Pen Duick II, *c'était une mobylette, une erreur n'était jamais grave, tout se corrigeait. Avec* Pen Duick III, *il fallait être plus professionnel. Tu pouvais te faire arracher un doigt, comme ça, tchac !...*

Il me revient en mémoire quelques jours d'hiver passés, Éric et moi, à Saint-Pierre-Quiberon. Il y était alors plus tranquille pour travailler sur les plans de son futur *Pen Duick*, installé sur la grande table de la salle à manger. Il passait sa journée à réfléchir tandis que je m'échinais au grand air. S'il lui prenait une envie de communiquer, il se déplaçait, car la maison n'était pas équipée de ce merveilleux outil qu'était alors le téléphone.

De toute façon, chez mon frère, la parole était un luxe.

Son *Pen Duick III* était en tout cas un bateau moderne dans sa conception, une constante dans les évolutions que mon frère apportait à chacun de ses voiliers. Plus long que le précédent, 17,45 mètres, voulu plus rapide et plus solide, audacieux techniquement, il fut validé par André Mauric, architecte de renom. Éric, ensuite, comme toujours, enfila bien d'autres costumes, dont celui de commercial, se démenant pour assurer le financement de son navire. Une fois celui-ci quasiment trouvé, il lança la construction en faisant appel à un nouveau partenaire, le chantier La Perrière, installé à Lorient.

Éric savait ce qu'il devait à Gilles et Marc Costantini, mais il était du genre à avancer sans se retourner. Je ne sais pas s'il en a parlé aux deux frères, je ne sais pas si sa décision de changer de chantier leur a plu. Je ne le pense pas. Le récent vainqueur de la Transat anglaise se comportait en professionnel consciencieux et méthodique, allant de l'avant sans toujours se préoccuper de ceux qu'il laissait sur place.

S'il avait choisi le chantier La Perrière, c'était surtout parce qu'on y maîtrisait un nouveau matériau, le Duralinox, ou AG-4, un alliage considéré alors comme le plus solide au monde. Comme son nom l'indique à peu près, le Duralinox est une forme d'aluminium, plus lourd que le polyester, bien sûr, mais aussi plus costaud. Outre le fait qu'il a été offert à Éric par l'Aluminium français, une entreprise de service public qui y a vu une belle occasion de mettre en vitrine ses compétences et son expertise, le Duralinox était un matériau à toute épreuve, facile à fabriquer, et qui garantissait une rapidité de construction qui n'était pas inintéressante.

Tandis que se peaufinait la nouvelle arme de guerre de mon frère, je continuais benoîtement de travailler à Paris. À l'époque, je ne sais pas si cela intéressait Éric que je participe à l'élaboration et à la construction. Il ne m'a d'ailleurs jamais demandé mon avis et je l'en remercie parce que je ne sais pas trop comment j'aurais pu lui être utile à l'époque. En revanche, une fois *Pen Duick III* mis à l'eau, au printemps 1967, et parce qu'il lui fallait un équipage de haute volée, je le rejoignais dès que je le pouvais.

Afin de préparer le bateau pour les courses d'été anglaises, il a fallu remporter, lors d'un week-end de régates, une sorte de sélection pour l'Admiral's Cup, un circuit britannique auquel trois bateaux français pouvaient participer tous les deux ans. Nous l'avons emporté sans coup férir, même si la cohésion des hommes n'était pas encore parfaitement établie. Rien que de plus normal, *Pen Duick III* devait être apprivoisé. Les manœuvres y étaient un peu plus compliquées que sur les précédents voiliers : il possédait deux wishbones, le premier pour la petite misaine pour le près, le second pour la grande misaine pour le portant, qu'il fallait monter chacun le long du mât ; et enfin, à l'avant, deux étais rapprochés pouvaient se révéler handicapants lors des virements de bord sous génois. Mais en revanche, ce que nous avons rapidement compris, c'est que *Pen Duick III* était un voilier performant, puissant, fait pour les grands parcours plus que pour les régates. Alors, même si nous n'étions pas encore au-dessus du lot, il n'était pas nécessaire de s'affoler…

Bien sûr, le bateau demandait du travail aux marins qui composaient son équipage. Mais cela ne me faisait pas peur, j'avais compris depuis quelque temps que le sel du plaisir résidait dans le don de soi.

En tout cas, c'était un bateau bien né, et bien vivant, que j'ai beaucoup aimé. Cela valait mieux parce que, de toute façon, lorsque je monte à bord d'un voilier, il faut que je ressente quelque chose, de fort, si possible. Sinon, cela n'en vaut pas la peine.

Avec *Pen Duick III*, et peut-être plus encore qu'avec son prédécesseur, nous pouvions aller n'importe où, à des vitesses qui nous paraissaient inouïes. Cela nous a donné de mauvaises habitudes – nous mettions le pied au plancher de manière parfois un peu excessive. Mais tant que ça passait, mon frère était content. Et nous aussi.

L'obsession première était simplement d'aller plus vite que les autres et de ne pas se faire rattraper.

L'équipage qu'Éric constitua est devenu une sorte de colonne vertébrale des campagnes à venir. Se croisaient le dernier Angevin de la bande, Pierre English, camarade d'enfance et formidable régleur, deux jeunes militaires mis à la disposition d'Éric, Yves Guégan et un dénommé Olivier de Kersauson, ainsi que quelques autres corsaires de la marine à voile : Philippe Lavat, Michel Vanek et son frère Jean-Marie, Jean-Michel Carpentier ou un certain Gérard Petipas, chargé plutôt de la navigation et que j'aurais l'occasion de recroiser tout au long de ma vie, pas toujours dans les conditions les plus agréables… La troupe avait en tout cas une sacrée gueule. Sans oublier « Babar », devenu notre père à tous… et sans doute quelques fidèles qui vinrent parfois nous épauler lors de nos balades nautiques aux folles trajectoires.

Éric disait souvent qu'il n'appréciait que les gros bateaux parce que les efforts y étaient plus importants. Et il aimait vraiment ça.

Il y eut deux étés de navigation avec la longue goélette noire née pour faire peur aux Anglais. En 1967 d'abord, où notre équipage, de plus en plus rodé, fit des merveilles. Sept courses, sept victoires. Dont la Morgan Cup que nous avons remportée au nez et à la barbe de voiliers anglais plus longs et aux équipages plus expérimentés. Ou la Channel Race, des régates dans le Solent ou en Scandinavie. Sans oublier le légendaire Fastnet. Petit temps, grande victoire. Du brouillard en Manche, la flotte slalomant d'abord pour éviter un cargo paniqué par nombre de bateaux, en cornant pour faire comprendre qu'il n'était plus manœuvrant, sans que la meute des concurrents s'en soucie, puis le souffle du vent qui assoit sa puissance, un premier sprint sous spi jusqu'au célèbre phare devant lequel nous avons viré en septième position au sud-ouest de l'Irlande, et un retour extraordinaire dans de la grosse brise, chacun d'entre nous comme un chien affamé ne voulant pas lâcher son os... Et papa qui, en plus de nous nourrir, a passé son temps à recoudre la grande misaine qui nous a été indispensable des îles Scilly à Portsmouth...

La victoire a été belle. Comme chaque fois dans ces courses mythiques à l'anglo-saxonne sur lesquelles mon frère et sa bande ont fait régner une loi très française. Allant même jusqu'à soumettre les poussières de l'Empire britannique, aux antipodes de notre monde : cette même année, toujours avec *Pen Duick III*, nous remporterons la légendaire Sydney-Hobart, entre l'Australie et la Tasmanie. Enfin... premier en temps réel, deuxième en temps compensé.

Peu importait, cette année-là, les succès accumulés ont fait grand bruit dans le Landerneau politique et médiatique. Le général de Gaulle convia Éric à l'Élysée. Invité une première fois, mon frère avait décliné, prétextant que la marée était plus importante qu'un déplacement à Paris et qu'il lui fallait mettre *Pen Duick III* à l'eau à l'heure dite. Cette fois, il ne lui fut pas possible de se soustraire à l'invitation présidentielle, et il se rendit à l'Élysée en octobre, rasé de près, en grand uniforme, souriant et heureux... puisque la nature ne lui avait pas dicté sa loi, comme le lui fit remarquer le Général !

J'en fus assez fier, et sans doute le reste de la famille aussi.

Comme nous fûmes fiers de cette apothéose dans les fureurs du Sud. *Pen Duick III* avait été transporté en Australie par bateau. Éric, Yves Guégan et Olivier de Kersauson étaient présents à son arrivée, les autres, English, Petipas, Vanek, Lavat, papa et moi, les avons rejoints un peu plus tard pour participer à la Sydney-Hobart, course certes inconnue en France mais dont le retentissement aux antipodes était si considérable qu'elle drainait chaque année une foule innombrable.

Se rendre en Australie n'était pas une mince affaire. Nous sommes partis avec un avion du service aérien de la marine. Un quadrimoteur à hélices, un Super Constellation sans doute, parfaitement adapté au transport de troupes et de matériel militaire, moins confortable toutefois si on le compare à un avion civil. Disons, pour ne pas s'appesantir plus que nécessaire, qu'il n'y avait ni hôtesses ni petits plats chauds « à la française ».

Étrangement, nous avons d'abord atterri à Sydney mais n'avons pas eu l'autorisation de descendre, faute de visas. L'avion a redécollé pour Nouméa afin que nous puissions faire tamponner nos passeports avant de repartir pour Sydney. Une ville alors très étendue géographiquement, sur au moins trente kilomètres, sans doute, avec un centre-ville que je qualifierais de classique, tandis que le reste des habitations n'était constitué que de simples bungalows qui me paraissaient bien fragiles...

Rien d'inoubliable lors de l'avant-course, si ce n'est ce télégramme reçu quelques heures à peine avant le départ, émanant d'une jeune Australienne avec laquelle nous avions sympathisé, en tout bien tout honneur. Elle s'y exprimait en français et écrivait ceci : « S'ils te mordent, mords-les. » À l'arrivée, après la victoire, j'en avais reçu un second, plus court encore : « Bien mordu ! » J'avais aimé le clin d'œil, l'humour, la concision et l'hommage rendu au travail bien fait.

Car la course s'est déroulée comme dans un rêve. Une chaleur de Noël austral, des centaines de bateaux, une pagaille monstre au départ, des chocs entre concurrents, une bouée à virer partie en promenade, des voiliers à touche-touche. Et nous qui avons fait la course en tête. Un wishbone a lâché, un tangon est tombé malencontreusement sur le front de notre skipper vénéré – mais qu'est-ce qu'il foutait là, à l'avant du bateau ? –, les grandes vitesses en longeant la Tasmanie, une seconde nuit tranquille, puis le vent s'est sauvé. Nous avons été contraints de jeter l'ancre et de mouiller une petite heure. Nous avons tremblé avant de repartir pour affronter les quarante derniers milles dans des vents faibles, personne ne nous a rejoints, personne ne nous a dépassés, et nous avons gagné notre dernière course de l'année. La septième !

La plupart de l'équipage est ensuite rentré en France, mais Éric a préféré se payer un peu de bon temps avec « Kersau », Guégan et English. Auxquels s'est ajouté un professeur de français installé en Australie et qui a proposé ses services, comme marin et comme cuisinier. Il s'appelait Alain Colas.

De cette course exemplaire, outre les souvenirs toujours vibrants, j'ai conservé les seize pages que *Paris Match* a consacrées à notre exploit. Une « exclusivité mondiale », précisait l'hebdomadaire. « Nos reporters étaient à bord », mentait un peu le titre de la couverture. Car non, Jean Durieux, le rédacteur, et Jean-Pierre Biot, le photographe, n'étaient pas avec nous pour disputer « la course la plus dure du monde ». Pourtant, à l'exception des magnifiques photos couleur du départ, les pages consacrées à notre nouvel exploit sont illustrées de clichés en noir et blanc pris effectivement à bord.

Par qui ? Par « Olivier de Kersauson, 21 ans, photographe », tel qu'il est présenté en légende d'une photo...

Lorsque, aujourd'hui, je sors mes archives personnelles, je souris. Aux photos qui me rappellent le bonheur collectif, aux marins que je reconnais sans peine, et donc à Olivier de Kersauson, « ce jeune photographe de 21 ans ». Et, plus encore, je me délecte de la poésie des petits textes qui accompagnent et soulignent la force des images. Lesquels ont participé à accroître la renommée naissante d'Éric : « On aperçoit ses mains énormes posées sur la barre et le bas de son visage tourné vers le ciel » ou « La blessure, la barbe, les rides donnent à son regard jaune une sorte de fixité et lui font un masque de corsaire ».

Et puis, à la fin du long papier qui raconte la course presque heure par heure, ce dialogue pas vraiment prémonitoire et bizarrement retranscrit, entre le journaliste de *Paris Match* et Éric :

« Qu'est-ce que vous ferez, plus tard, quand il faudra gagner la terre ?

– Jamais.

– Mais si, à 40 ou 50 ans ?

– Je ne vivrai pas jusque-là... »

À bord, il n'y avait qu'un maître, discret mais présent. C'était mon frère. Les autres, hormis Kersauson, je ne les entendais guère.

Si je devais aujourd'hui expliquer comment fonctionnait notre équipage, je dirais qu'il y avait d'abord la famille avec le maître, Éric, notre père, désormais préposé à la cambuse et aux plats reconstituants, et moi, le jeune frère, à la fois impressionné et toujours un peu effacé. Je n'en rajoutais jamais et ne bénéficiais d'ailleurs d'aucun régime de faveur, j'étais un marin comme les autres, et traité comme tel.

Parmi ces « autres » justement, l'un sortait du lot. C'était Kersau, encore et toujours, celui qui a souvent été considéré comme le « second » d'Éric. Kersau, ou Oliver de Kersauson, étonnant personnage. Timide au début – peut-être fallait-il qu'il fasse ses preuves physiques à l'avant –, puis plus à l'aise au fil des jours. Il racontait à qui voulait l'entendre qu'il avait été videur dans une boîte de nuit et roulait un peu des mécaniques. Kersau avait ses courtisans, tout juste s'ils ne lui mettaient pas ses pantoufles pour aller se coucher. Non, j'exagère, mais enfin, il fascinait. Outre ses qualités de marin, il avait aussi bien d'autres atouts. Il savait par exemple captiver un public parce qu'il était très drôle, avait une élocution facile, et était capable de faire des sketchs extraordinaires. À l'arrivée du Fastnet, il a fait un spectacle sur le quai en faisant mine de brader les coupes réservées aux vainqueurs. Tout le monde se marrait, c'était affolant, et je dois avouer que, moi aussi, il me faisait bien rire.

À part Kersauson, les autres, je les entendais peu. Même Éric. À bord, c'est lui qui barrait le plus souvent, il ne parlait pas beaucoup, mais quand c'était le cas, on l'écoutait. Chacun tenait alors son rôle dans une ambiance de franche camaraderie et d'humeur plutôt légère. Personne pour empiéter sur la fonction de l'autre, et tout ça agrémenté de séances de franche rigolade, mais toujours à l'attaque. La taille du bateau et notre manière de le faire avancer nous autorisaient bien des audaces.

La voile était alors un véritable sport d'amateurs. Quand je vois ce qu'elle est devenue depuis quelques années, je n'en tire nulle gloriole ni ne m'en lamente. Par exemple, nous ne faisions pas de musculation ; notre condition physique, nous la travaillions sur le tas. Et nous faisions attention. Je me suis ainsi aperçu, parce que je fumais un peu, que je perdais vite mon souffle. J'ai immédiatement arrêté la cigarette.

Éric avait un budget skipper, quelques lignes comptables pour la fabrication, la maintenance et le déplacement du navire. Nous n'étions évidemment pas payés... Certains se débrouillaient pour revendre des photos prises à bord (suivez mon regard). Souvent au détriment du travail normal d'un équipier.

Chacun devait en tout cas se libérer comme il pouvait, puis se débrouiller pour rejoindre le bateau, à l'ancienne. Fidèle à ma réputation, et par intermittence, je m'esquivais l'été, cette période toujours délicieuse où les marins aiment tant naviguer et où les Parisiens apprécient de rejoindre le littoral. La ville se vidait, je n'avais pas forcément énormément de boulot à accomplir dans la capitale. Je pouvais retrouver les miens.

Puis, chaque course terminée, en général, nous repartions tous. « Salut, à la prochaine », sauf les deux militaires qui, la plupart du temps, restaient avec Éric. De mon côté, je rentrais à Paris retrouver mon train-train, toujours content de retourner aux affaires, n'ayant jamais apprécié de rester debout à ne rien faire.

Éric hésita un moment. Devait-il partir avec Pen Duick III *ou avec* Pen Duick IV *? En choisissant* Pen Duick IV *pour la Transat anglaise, il fit une grosse erreur...*

L'année 1968 fut pour moi nettement plus calme. En mai, Éric prit le départ de la Transat anglaise à la barre d'une quatrième version de *Pen Duick*, multicoque innovant mais trop hâtivement construit, et sans doute un peu trop moderne dans sa conception. Il dut abandonner rapidement. Il heurta un cargo dès la première nuit de course, retourna à Plymouth pour effectuer une réparation de fortune, repartit, puis cessa le combat après deux pannes successives de son unique pilote automatique. Des vicissitudes qui le contraindront à repousser à plus tard une nouvelle victoire dans la course des courses...

L'été fut moins animé : après de nouveaux ennuis et un démâtage de l'artimon de son décevant multicoque, Éric décida de participer, à la barre de *Pen Duick III*, à la course Yarmouth-Santander-La Trinité, rebaptisée Yarmouth-Lequeitio, puis Lequeitio-La Trinité. Nous avons remporté les deux étapes, mais ce fut surtout l'occasion de quelques jolies balades à Yarmouth et Lequeitio, embarquant les gens du coin avec lesquels nous avions sympathisé pour leur faire goûter aux joies de la navigation. J'ai quelquefois des souvenirs qui remontent, des packs de bières que l'on chargeait pour la journée, des spis que l'on hissait pour profiter des souffles chauds...

L'année suivante, j'ai décidé ou plutôt j'ai eu la possibilité de naviguer sur un autre voilier. Non pas que j'aie voulu m'éloigner de mon frère, mais il y a des propositions qui ne se refusent pas. J'avais appris que l'équipage du *Monk of Malham* cherchait un équipier pour une campagne de courses. Je n'ai eu qu'à lever le petit doigt pour qu'on ajoute mon nom sur la liste des matelots.

C'était un bateau sublime, un prototype dessiné par le légendaire John Illingworth puis construit par le chantier Raymond Labbé à Saint-Malo. Un cotre Marconi d'un peu moins de 10 mètres, admirable de proportions, mené par Robert Degain, président de l'Union nationale des croiseurs, l'UNC, qui fusionnera deux ans plus tard avec le GCL, le Groupement des croiseurs légers, pour créer l'UNCL, la célèbre Union nationale pour la course au large. Avec lui et quelques autres membres de ce club réputé, j'ai disputé la course Cowes-Dinard.

Thyra, *c'était le nom de la lourde barge que j'avais ramenée d'Angleterre. Elle avait été fabriquée en 1920. C'était un peu mon* Pen Duick *à moi...*

Mon père, un jour, s'est exilé vers l'ouest. Rien ne m'empêchait de suivre son exemple, au contraire. Se rapprocher des siens et de la mer m'a toujours semblé envisageable. En 1970, récemment marié et sans doute lassé d'une vie parisienne qui me satisfaisait moins, j'ai décidé de quitter la capitale pour créer ma boîte. Enfin une boîte, une petite Sarl.

Au départ, je pensais monter mon petit business à La Rochelle. L'idée me plaisait bien : je voulais y mouiller une vieille barge de la Tamise que j'avais achetée en Angleterre et que j'entendais ramener par la mer. Mais je me suis temporairement installé à La Chalouère.

Pas loin de 30 mètres de long, 6 mètres de large, pour un poids de 95 tonnes, un mât basculant... Le bateau ressemblait un peu aux péniches qui circulaient sur nos canaux au milieu du siècle dernier. Sauf que ma barge, si lourde et suffisamment grande pour transporter une centaine de tonnes de marchandises, du charbon principalement, pouvait également effectuer de petits parcours côtiers.

Construite en 1920, *Thyra* était une merveille de mécanique sommaire, fruit encore mûr de l'intelligence de l'homme. Elle possédait un vieux moteur qui tournait très lentement au ralenti, dum, dum, dum... et qui disposait d'un système étonnant pour le mettre en marche.

Pour faire simple, je dirais qu'il y avait un petit moteur, chargé de faire tourner le gros. Le démarrage se faisait donc avec de petits godets remplis d'essence et posés au-dessus de trois minuscules cylindres. Trois carburateurs, trois bougies, une magnéto... On lançait le moteur à la manivelle, une première compression se faisait dans les petits cylindres, puis, une fois qu'ils avaient atteint un certain régime, avec une manette, on enclenchait la compression dans les majestueux cylindres du gros moteur qui, eux, fonctionnaient au gasoil.

Ensuite, il ne fallait pas oublier sa burette d'huile : mèches, godets, vilebrequins, un moteur est une mécanique qui requiert beaucoup d'égards.

À l'intérieur de la barge, un poste d'équipage, deux couchettes rudimentaires, une cuisinière Princess, un grille-pain, deux feux pour se faire à manger, un four en dessous. Et une table à jeux signée, superbe : le marin au repos ne refuse jamais une petite partie de cartes entre amis.

Nous sommes partis à trois, sans chercher à établir un record de vitesse, mais à une allure bonhomme qui me convenait parfaitement. La barge pouvait aller ses six, sept nœuds, à l'aise.

Hélas, une mauvaise nouvelle m'attendait. Alors que nous allions faire route, j'ai appris que mon projet avait du plomb dans l'aile. On me refusait l'autorisation de mouiller la barge dans le port de La Rochelle. Les commerçants de la ville avaient fait bloc contre moi. Allant jusqu'à signer une pétition pour m'interdire de m'installer dans « leur » port. Ils craignaient sans doute que je ne leur fasse de l'ombre. Ce qui n'a pourtant jamais été mon genre…

J'ai décidé d'aller au bout de mon idée. Je n'avais, de toute façon, pas d'autre solution. D'abord, traverser la Manche, puis escale à Cherbourg où nous avons décelé quelques infiltrations d'eau assez importantes. Puis nous sommes descendus tranquillement. Au moins jusqu'à l'Aber-Wrac'h, où il m'a quand même fallu demander l'aide – une nouvelle fois – d'amis ostréiculteurs pour qu'ils viennent vider de son eau ma barge qui flottait encore. Leurs énormes motopompes ont tourné au moins trois heures, peut-être plus, pour rejeter à la mer les 30 000 litres qui n'avaient rien à faire à bord.

Pour la dernière étape, Yves Cudennec, un autre très bon copain doublé d'un excellent marin, nous a rejoints. Là encore, les ennuis s'étaient donné rendez-vous. Nous naviguions entre Belle-Île et Quiberon où je voulais faire escale. Il faisait nuit, évidemment, et c'était à mon tour de me perdre en conjectures : je ne reconnaissais aucun éclat de phare. Nous comptions les périodes de lumière, sans parvenir à comprendre ce qu'il se passait. Nous nous sommes laissé guider par notre instinct, avant de comprendre que la presqu'île tout entière était en panne d'électricité, et que ce que nous prenions pour des balises lumineuses n'étaient que les feux des voitures qui circulaient sur la Côte sauvage.

Le lendemain, nous sommes entrés dans la baie pour aller mouiller dans l'anse du Pô. Nous avons alors simplement échoué la barge inutile, la laissant amarrée à un arbre. Abandonnée à la convoitise du premier malandrin venu.

Ne sachant qu'en faire, et parce que je cherchais alors à m'en débarrasser, j'ai contacté les responsables du musée de Concarneau pour la leur donner, mais ils déclinèrent mon offre, la barge n'ayant, à leurs yeux, aucune valeur patrimoniale. Dommage. Quelques semaines plus tard, quelqu'un s'est amusé à mettre le feu à ma vieille amie.

J'ai pu sauver le peu qu'il restait. J'ai toujours, dans mon grenier, la table de jeux, dans la salle à manger, les deux lampes à huile, la bouée dans l'escalier qui mène à la cave et, dans le hall d'entrée de la maison, la barre à roue…

Déstabilisé par cet échec, j'ai décidé de rester à La Chalouère.

Enfin, chez mes parents, pas vraiment… je me suis établi dans les communs de la propriété, là même où je m'étais marié un an auparavant avec Françoise, ma première épouse.

Nous nous sommes rencontrés alors que j'avais tout juste 24 ans, avant même que je parte travailler à Paris. Elle était prof de gym et m'avait rejoint là-bas.

Notre mariage avait été célébré à La Chalouère. Une jolie fête malheureusement ternie en fin de soirée. Il avait fallu appeler le médecin car Françoise s'était sentie mal. Insolation, stress, vomissement, grande fatigue... Tout s'était mélangé. J'étais reparti pour Paris sans elle.

Nous sommes restés ensemble une vingtaine d'années.

Nous avons donc pris nos quartiers dans les dépendances. J'évoquerais volontiers un confort spartiate : un sol en béton, pas de chauffage, une grande buanderie avec les grosses marmites dans lesquelles on faisait alors chauffer l'eau pour la lessive, un fruitier à l'étage.

Bref, l'emménagement nécessitait quelques travaux que j'allais réaliser progressivement. Une chaudière d'abord, du carrelage par terre, des radiateurs, puis des chambres à l'étage lorsque la famille s'agrandirait...

Parallèlement à ces aménagements, j'ai décidé de me lancer dans une activité de commercial, en récupérant, comme papa, des cartes de représentants dans divers domaines, tous cependant liés à la navigation. Dans ma collection, du matériel d'accastillage, des compas et autres instruments nécessaires à la pratique marine, quelques éléments d'une marque d'horlogerie spécialisée dans la fabrication d'objets précieux ayant un lien avec la mer : montres, baromètres, mais aussi bagues, bracelets, colliers en argent...

Thyra *était le nom de ma barge* ; Thyra Marine *serait le nom de cette petite structure que j'allais monter.*

Les clients passaient me voir, ou alors je les démarchais. Boutiques, coopératives maritimes, le commerce semblait florissant et je ne me débrouillais pas trop mal. Je roulais en revanche beaucoup et il m'a fallu apporter à ma 2 CV les modifications nécessaires à mes pérégrinations solitaires. En sciant le siège passager avant, je me suis créé un espace repos. J'ai installé un lit de camp et je dormais souvent dans la voiture. Cherchant, lorsque le jour tombait, et trouvant souvent, de jolis coins en bord de mer. Comme je disposais d'un bon duvet, les nuits étaient agréables et pleines d'étoiles.

Cependant, je me suis rendu compte que mon nom de famille, s'il ne me portait pas préjudice, devenait un peu gênant lorsque je démarchais des clients. Dire « Je m'appelle Patrick Tabarly » laissait parfois entendre que je profitais peut-être de la célébrité de mon frère ou que j'avais un petit côté fils à papa. Certains acquéreurs potentiels se révélaient rétifs à passer contrat avec moi... Alors, très vite, je ne m'annonçais plus, ne prenais pas de rendez-vous, je frappais doucement aux portes et ne donnais que rarement ma carte de visite.

Je me débrouillais donc, alternant petites commandes et quelques rares bons coups commerciaux. Comme cette fois où un client me demanda deux cents compas de navigation. À l'échelle de la planète, la quantité pourrait prêter à sourire, mais, pour moi, ce n'était pas rien. Vendre deux cents objets d'un coup, cela fait toujours plaisir, et cela remplit aussi le frigo. Parce que, sinon, même avec mes meilleurs acheteurs, les bons de commande que je signais n'atteignaient pas des chiffres astronomiques.

L'avantage, c'était que j'organisais mon temps comme je le désirais. L'hiver surtout. Pour me permettre de naviguer à ma guise, aussi bien en mer que sur la Maine, la rivière la plus proche de la maison... et la plus navigable. J'en ai profité pour ajouter un voilier à la longue liste de ceux que j'allais restaurer ma vie durant, en achetant un Star, en copropriété avec mon ami Marc Morgat. L'accord était gagnant-gagnant : Marc réglait les factures et, moi, j'offrais la main-d'œuvre. Le chantier a été long, car le bateau était plutôt dans un triste état. Notamment autour du pont qu'il m'a fallu entièrement changer. Je me suis donc attelé à la tâche avec entrain ; le plaisir que je retirais de la restauration était tel que je ne comptais jamais mes heures. De toute façon, eu égard à mon manque de moyens financiers, mettre la main à la pâte était obligatoire : faire faire les travaux par un chantier professionnel m'aurait coûté aussi cher que d'acheter un bateau neuf.

Marc, qui n'était jamais le dernier à m'épauler, venait régulièrement m'encourager et occasionnellement m'aider.

Ce fut un temps en tout cas où je me sentais bien. Je n'ai pas fait fortune, je n'ai pas fait faillite. J'aimais tout simplement ma vie. Mon petit bureau, la campagne environnante, la mer si proche, et la famille qui s'agrandissait autour de moi.

Étant désormais mon propre patron, et persuadé d'en avoir terminé avec le salariat, je n'ai pas pu refuser la proposition d'Éric de participer, à nouveau sur *Pen Duick III*, à une course transpacifique entre Los Angeles et Tahiti. Nous étions en 1970, et j'ai laissé ma jeune épouse seule pendant un mois et demi. Triste condition que celle de femme de marin.

C'était la première fois que je me rendais aux États-Unis ; là-bas, j'ai retrouvé la bande avec plaisir, et le bateau avec étonnement.

À Los Angeles, où il avait été transporté par cargo, *Pen Duick III* n'avait toujours pas de moteur. Mon frère en avait une sainte horreur, de leurs bruits et des odeurs d'huile ou d'essence que les engins répandaient lorsqu'on les utilisait. Or le règlement de l'épreuve était clair : pas de moteur, pas de départ. J'avais un peu l'habitude de ce type de problème depuis que je naviguais avec Éric. Quelques années plus tôt, lors de la fameuse Sydney-Hobart que nous avions gagnée, nous avions dû dégoter un moteur dans une casse automobile. Je l'avais installé tant bien que mal sur un châssis hâtivement bricolé. Je me souviens d'ailleurs que certains spectateurs nous avaient applaudis en riant lorsqu'ils avaient remarqué le tuyau d'échappement qui sortait par un hublot de *Pen Duick III*.

Ce moteur, de toute façon, était complètement inutile, puisque Éric refusait de s'en servir. En Australie, pour une question d'équité, nous avions juste remplacé les 400 litres de carburant réglementaires par 400 litres d'eau.

Inutile de vous dire que, une fois arrivé à Hobart, mon frère avait immédiatement fait démonter le moteur avant de renvoyer *Pen Duick III* d'abord en France, puis aux États-Unis.

L'histoire se répétait donc, elle bégayait même. À Los Angeles, nous avons fait à nouveau la tournée des casses, et, dans ce maudit anglais que nous maîtrisions si mal, nous avons finalement réussi à nous en procurer un qui avait les dimensions requises. J'ai travaillé à son installation à fond de cale pendant des heures, suant toute l'eau de mon corps, sans gants ni équipements spéciaux, ne disposant que d'une perceuse, de quelques mèches et d'une lime... Une fois l'engin calé, les branchements électriques effectués, et après avoir vérifié que l'arbre d'hélice tournait gentiment, nous avons pris le départ.

C'était une course aux allures portantes, c'est-à-dire avec des vents venant plutôt de travers ou de l'arrière, qui propulsaient les navires à haute vitesse. À bord, même si Éric semblait ne pas s'en apercevoir, l'ambiance était moyenne. Il avait invité Jean-Jacques Sery, un ami promoteur immobilier à Chamonix qui lui avait trouvé un appartement à l'Argentière. Assurément moins bon marin que le reste de l'équipage, il ne faisait pas l'unanimité, et les autres, Kersau en tête, laissaient entendre qu'ils n'appréciaient pas l'idée de naviguer avec un équipier de cet acabit. Si cela avait été moi, j'aurais traité le problème tout de suite, mais ce n'était pas le genre d'Éric. À bord, selon lui, à chacun son boulot, à chacun sa tâche. Le reste importait peu tant que tout semblait fonctionner...

Question comportement naval, à la fois parce que le règlement de course avait encore une fois été modifié, et pour éviter des variations intempestives dans les mouvements du bateau et des départs inattendus à l'abattée ou au lof, Éric avait voulu remplacer le « trimmer » mobile, une sorte d'aileron placé dans l'axe de la quille mais dont l'utilisation était désormais interdite, par un petit aileron, fixe celui-ci, installé devant le safran. Cet aileron devait à la fois permettre de soulager le barreur et de rendre le bateau plus stable aux allures portantes.

Pour l'heure, et comme souvent, nous ne pouvions que constater que les idées les plus ingénieuses pouvaient avoir parfois des résultats très éloignés de leur but initial : avec ce petit rajout, le bateau avançait moins vite, comme si on avait coupé les ailes à un avion. Si nous avons terminé troisième c'est, notamment, à cause de ce fameux aileron.

Bernard Moitessier et Éric, ces deux personnages extraordinaires venaient de deux mondes différents, mais avaient beaucoup de respect l'un pour l'autre.

L'arrivée de cette course peu médiatisée a néanmoins eu cet avantage de nous permettre de monter à bord du légendaire *Joshua* de Bernard Moitessier. Éric et lui, c'était un peu le technicien et le baroudeur : l'un porteur d'une modernité assumée, mon frère ; l'autre, Moitessier, ayant construit son bateau de bric et de broc, avec deux poteaux téléphoniques en guise de mâts, utilisant de vieilles pièces en alu ou des serre-câbles préhistoriques en guise d'embouts sertis.

Lorsque nous sommes arrivés près de son *Joshua*, le « vagabond des mers » était en train de travailler, mais ce n'était pas la ruche. À mes yeux, il incarnait le genre de personnes pour lesquelles demain est un autre jour. J'ai immédiatement vu en lui l'homme très cool.

Moitessier, alors qu'il était en passe de remporter la première course autour du monde en solitaire un an auparavant, avait décidé, après le cap Horn, de poursuivre sa longue route plein est plutôt que de remonter l'Atlantique, dans une forme majestueuse de renoncement à la société dont il était issu… Mon frère n'était évidemment pas de ce bois-là. Les deux hommes se comprenaient pourtant parce qu'ils avaient en commun ce même amour pour la mer et pour les bateaux qui voguent dessus.

Le moment m'a plu. Mais il n'a pas duré. Je n'ai pas eu à redouter les charmes de Tahiti que certains prétendent irrésistibles. Le lagon, la douceur de vivre, la beauté des terres concouraient à la séduction de l'île. Comme le faré dans lequel nous logions – pas de porte, pas de fenêtres, des planches de bois et des feuilles de pandanus – ou les admirables plages de sable noir – au début j'ai cru que j'allais me salir les pieds, comme si je marchais sur du charbon…

La vie polynésienne semblait douce, mais j'étais obligé de rentrer travailler, alors je suis reparti vers la Métropole.

J'ai cru que je ne naviguerais plus sur *Pen Duick III*, que j'ai toujours beaucoup aimé, même après que, en 1971, Éric l'a transformé en sloop, pour ces sempiternelles histoires de jauges plus ou moins réglementaires, désormais défavorables aux voiliers armés en goélette. La fin de cette première partie de l'histoire a été compliquée, notamment lors de courses anglaises auxquelles nous nous sommes inscrits mais que nous n'avons pas pu disputer pour des défauts de papiers ou parce qu'il nous manquait des certificats de conformité. Éric n'était pas content, il en voulait au monde entier et surtout à « ces cons d'Anglais, allez, on fout le camp ! ».

Et quand nous régations en France, comme lors des 50 milles de La Trinité, c'était pour des résultats misérables, parfois dus à des faits de course déplorables comme cette fois où on avait attrapé un casier et qu'on avait navigué pendant des heures à vitesse réduite. Je n'ai jamais compris pourquoi Éric avait refusé d'amener les voiles afin d'arrêter le bateau et d'envoyer l'un de nous retirer le bout pris dans le safran. J'étais un peu en colère ce jour-là, mais mon frère n'en avait cure. Encore une fois, il n'appréciait pas que quelqu'un lui dise ce qu'il fallait faire. Il avait préféré revenir au port et faire valoir que l'on avait perdu à cause d'un casier, excuse qu'il estimait tout à fait recevable...

Fidèle à mon caractère fataliste, j'encaissais sans broncher et, toujours, repartais travailler.

Mes liens avec Éric se distendirent un peu, il me fallait faire vivre ma famille, lui parcourait le monde, en course ou en croisière. Jusqu'à ce qu'il construise *Pen Duick VI*.

Le cours de ma vie était lent et placide. C'est durant cette période qu'est né Yannick, mon fils aîné. Les naissances d'Erwan, dix-huit mois plus tard, qui, lui aussi, deviendra un excellent marin, et de Loïc, le petit dernier, seront célébrées comme il se doit.

De mon côté, je voyageais en tentant d'assurer une existence à ma descendance. Avec ma petite structure, je ne gagnais pas beaucoup, parce que je ne vendais pas assez. Il fallait probablement que je me recycle... Et c'est en démarchant François Germain, un ami qui travaillait à la Siba nautique, un magasin d'accastillage et de vente de bateaux, que j'ai trouvé une nouvelle activité : il m'a proposé de le rejoindre dans sa boutique angevine, ce qui n'était pas une mauvaise idée.

Comme souvent, je m'occupais un peu de tout, préposé à la fois à la vente de matériel et autres babioles, à la réparation de différents types d'embarcation – plates de rivière, dériveurs –, à la livraison de bateaux.

Le soir venu, je retrouvais mes vieux amis du cercle de voile, pour prendre un pot. En bas, le hangar à bateaux ; en haut, le bar où parfois nous passions quelques heures apéritives en parlant du passé, des courses d'hier ou de celles à venir. Ces instants de complicité étaient entrecoupés de livraisons parfois longues et compliquées. Je me souviens d'un voilier, un King Cruiser de 10,24 mètres, venant de Suède par cargo et déposé à Bordeaux. Je devais aller le chercher pour le remonter par la route jusqu'à Angers.

Il a fallu trouver la remorque adéquate, puis la consolider. Ensuite, ce convoi exceptionnel a dû emprunter de petites routes du Sud-Ouest et de l'Ouest, les autoroutes nous étant interdites. J'étais au volant, tandis que François Courtillie, un vieil ami, jouait les copilotes. Avec plus ou moins d'aisance : nous nous sommes ainsi égarés dans un petit village. Ce n'était pas l'étendue de l'agglomération qui m'a fait douter, mais l'étroitesse de ses rues. Comment passer entre ces deux maisons sans rien abîmer ? François m'a si bien guidé que j'y suis parvenu.

Nous sommes arrivés à Angers avant la tombée du jour – Dieu merci car nous n'avions pas non plus le droit de rouler de nuit –, sains et saufs, le bateau intact. Aucune raison de faire le malin sauf que, quelques jours plus tard, un autre camion, manié par un chauffeur professionnel et chargé du même bateau, avait tenté de passer sous un pont qu'il estimait assez haut. Il a tout cassé, les filières et les balcons notamment…

Je dis ça, je ne dis rien.

Mon frère, de son côté, revenait aux affaires. Après la construction de *Pen Duick IV*, né un peu prématurément et qui brillera quelques années plus tard sous la houlette d'Alain Colas, puis de *Pen Duick V*, petit sloop de 10 mètres avec lequel Éric ne fera et ne remportera qu'une course, la Transpacifique en solitaire, entre Los Angeles et Yokohama, il avait entrepris de construire un nouveau ketch de 22 mètres, afin de disputer le tour du monde en équipage… La fameuse Whitbread, course à étapes bientôt légendaire.

Le voilier a été mis à l'eau en juillet 1973, dans l'arsenal de Brest. J'y ai assisté, sans toutefois monter à bord. La cérémonie a été grandiose. Et le bateau, à la fois beau et puissant, m'a fait forte impression.

Si nous n'avons pas pu participer à la Channel Race, pour une histoire devenue classique de retard de mise à l'eau, en revanche nous nous préparions à disputer encore une fois le redoutable Fastnet. Course pour laquelle Éric me voulait à bord. J'ai donc fait en sorte de me libérer. Nous sommes partis de Lorient ou de Brest pour prendre le départ de la course – comme toujours, complètement à la bourre. Nous n'avions pas eu le temps de tester le moteur (encore !) censé être flambant neuf. Parce que le vent était faible, nous l'avons lancé pour rejoindre au plus vite la ligne de départ. Mais l'engin, pourtant tout juste sorti d'usine, allait tomber une première fois en panne, après quelques soupirs. Puis une seconde fois, une histoire de rampe de culbuteur dévissée et de rodage pas effectué, si je me souviens bien. Nous avons revissé au mieux, sans disposer de la clé adéquate, et nous sommes repartis. Jusqu'à ce que tout s'arrête définitivement, avant même d'atteindre l'île de Wight.

Dans le Solent, nous avons croisé des bateaux en pleine bagarre. Nous sommes montés jusqu'à la ligne, pour récupérer un équipier, puis nous l'avons franchie avec beaucoup de retard sur nos concurrents.

Malgré tous nos efforts, malgré la puissance et la vitesse de notre grand ketch, et même si nous avons rattrapé puis doublé de nombreux concurrents directs, nous ne sommes pas parvenus à refaire entièrement notre handicap et avons terminé neuvième en temps réel. Pas si mal, eu égard à notre début de course.

Le prochain grand rendez-vous était donc prévu pour septembre 1973, départ de la Whitbread. Il allait falloir cravacher pour que le bateau soit prêt.

De mon côté, air connu, je suis reparti travailler et ne reviendrais que pour les quarante jours de course prévus pour la première étape.

À bord, mon frère et douze équipiers. Prêts à tout donner, comme toujours. Je me revois si svelte et dans une jeunesse si éclatante. Je ne pesais que 75 kilos, sans guère de gras.

Nous sommes partis comme à la guerre !

Dans sa couchette, Éric m'a demandé :

– Qu'est-ce qui se passe ?

– Je crois qu'on a démâté…

Savoir reconnaître que l'on a eu peur est une qualité. Ni Éric, ni nous, ses équipiers, n'en menions large à cet instant de la course. Quelques heures après le départ de l'épreuve, et pour des histoires de marée, comme souvent par ici, Éric avait choisi de laisser Ouessant sur tribord, et Molène sur bâbord. Entre les deux îles, c'est le passage du Fromveur, que nous connaissions tous. Sauf que… le brouillard est tombé brusquement. Avant que nous ayons pu doubler le phare de Kéréon, posé au beau milieu de la zone et qu'il fallait absolument laisser à bâbord. Éric ne reconnaissait pas les caractéristiques de la corne de brume. Était-ce bien Kéréon ou plutôt le phare du Stiff, sur l'île d'Ouessant ? Nous sommes passés à vive allure, comme si de rien était, sous spi, en croisant les doigts, espérant que les dieux nous seraient favorables.

Ils le furent.

Partis quelques heures plus tôt de Portsmouth, le 8 septembre 1973, pour relier Le Cap, en Afrique du Sud, terme de la première étape de ce tour du monde, nous avons continué notre route, quelque peu rassurés. À bord, des noms dont certains étaient ou deviendraient célèbres : Marc Pajot, Bernard Rubinstein, Mikaël Le Berre, Olivier de Kersauson, Jean-Philippe Chaboud, Patrick Philipon, Antoine Croyère, Pierre Monsaingeon...

Et, bien sûr, le skipper, Éric, dont la façon de commander n'avait pas changé d'un iota. De commandement, il n'y en avait guère – quelques mots, quelques phrases parfois, des remarques et une grande confiance dans les individus qu'il avait choisis. L'ambiance était bonne et franche, tellement nous étions tous avides d'apprendre. Et en même temps, nous ne faisions pas les fiers : jamais nous n'avions navigué sur un bateau de cette taille.

Jusqu'aux Canaries, pas de soucis notables. Mais, là encore, choix du skipper, nous avons dû passer entre les îles pour bénéficier de ce fameux effet Venturi selon lequel, entre deux terres, comme une sorte d'effet entonnoir, le vent se renforce et les bateaux accélèrent. Le nôtre avançait certes, mais roulait pas mal aussi – parfois c'était le tangon du spi qui balançait, parfois c'était la bôme... La situation était un peu tendue. Et quand Éric a demandé qui voulait barrer le puissant ketch, les volontaires furent peu nombreux.

J'ai pris mon courage à deux mains, j'y suis allé. Mais, honnêtement, c'était vraiment difficile, notamment parce que je connaissais mal le bateau, que je n'étais pas très entraîné et qu'il était bien long... Ses 22 mètres, une dimension rare pour l'époque, le rendaient en effet très physique à mener.

Je crois que je ne m'en suis pas trop mal sorti...

Au rayon des surprises, quelques jours plus tard, ce fut une première rencontre avec le « Pot au noir », cette étrange zone intertropicale où des calmes sans le moindre souffle succèdent aux grains courts et parfois violents. Un endroit piégeux, où il vaut mieux suivre les mouvements du vent que de se fier aux aiguilles du compas.

Que survienne un déluge et, comme un seul homme ou presque, nous en profitions pour nous laver. Allez, tout le monde sur le pont, à poil ! Il fallait faire vite parce que, ces grains étant très brefs, le rinçage n'était jamais garanti. J'en connais qui se sont rhabillés encore bien savonnés.

Et le bateau qui roulait toujours plein vent arrière, dans un mouvement rythmique, voire hypnotique, et fatigant...

Est-ce cela qui l'a fragilisé ? Nous apprendrions plus tard qu'un croisillon en aluminium entre l'épontille et le pont, placé sous le mât, s'était affaissé, sans que nous nous en soyons aperçus...

La nuit est tombée, les quarts se sont succédé. C'était mon tour. Alors que j'enfilais mon ciré pour rejoindre mes cinq coéquipiers sur le pont, un bruit énorme et soudain s'est fait entendre.

Éric s'est redressé dans sa couchette. Une seule sensation, une seule certitude : le pire était arrivé.

Pen Duick IV avait démâté.

Se retrouver alors tous ensemble sur le pont, quart montant et quart descendant, découvrir l'étendue des dégâts, constater que le mât gisait, la tête dans l'eau, en appui sur le plat-bord. Ne pas perdre de temps, tirer sur chaque câble pour tenter de savoir si l'un d'eux ne s'était pas rompu, prendre alors les cisailles, les scies à métaux, découper, trancher, larguer. Tout en essayant de récupérer le maximum de matériel, dont la bôme. Le reste, inutile ou inutilisable abandonné à l'eau, « à la patouille ».

Une fois le pont libéré, envoyer la voile d'étais et celle d'artimon. Mettre le moteur en marche pour positionner le bateau dans le bon axe.

Après quelques minutes de réflexion, Éric a décidé de faire route vers Rio, destination à la fois la plus proche et la plus simple à rallier en fonction des vents.

Le matin venu, nous avons installé un gréement de fortune avec les deux tangons de spi… Ne restait qu'à prendre notre mal en patience, le temps risquait de nous paraître long.

Comme il fallait que je m'occupe car l'inactivité pouvait se révéler pesante, je me suis mis à pêcher. Outre que cela améliorerait l'ordinaire, cela me ferait passer le temps. J'ai gréé une ligne avec une ralingue de spi, tandis que les autres me prenaient sans doute pour un fou ; j'ai ensuite transformé la plus grosse goupille du bord en hameçon, ajouté une manille en guise de plomb, conçu un leurre avec des bouts de couleurs que j'ai mélangés. Et hop, j'ai balancé la ligne alors que nous avancions à vitesse raisonnable, entre six et sept nœuds.

Les moqueries se sont rapidement tues : j'ai attrapé trois poissons – un tazar, un thon et une dorade coryphène. Le régal fut collectif.

Le reste n'a été que monotonie partagée, car, lorsque l'enjeu et l'adrénaline se sont fait la malle, tout devient bien triste. Pêcher, lire ou tenir la barre, ça ne remplace pas la furie de la compétition.

Jusqu'à l'arrivée au Brésil, après dix jours de mer. Tandis que nous naviguions, Dieu merci, à terre, on s'activait. Un mât avait été commandé et, après un parcours rocambolesque – trouver un avion, un KC-135 de l'armée de l'air en l'occurrence, s'apercevoir que le mât était trop grand, le couper au pied de 1,30 mètre avec l'autorisation du constructeur, puis décoller, enfin –, il fut livré au Brésil avec le reste du matériel qu'Éric avait réclamé.

Des ouvriers de l'arsenal de Brest étaient du voyage et leur aide fut précieuse pour remettre le *Pen Duick* en marche. Il fallait faire vite pour pouvoir rejoindre Le Cap et espérer ensuite prendre le départ de la deuxième étape.

Même si je devais repartir pour la France, j'ai participé à la remise en état. L'installation du mât, le passage des drisses, le manchon intérieur installé en pied de mât et le mât à ressouder à l'endroit de la coupe, les chandeliers et les filières à réparer... et sans cesse vérifier que tout fonctionnait. Puis, en de rares occasions, prendre un peu de repos avant de remonter dans l'avion. À la plage, par exemple, malgré les mises en garde – si vous y allez, c'est en maillot, avec juste une serviette.

Certains se sont fait voler leurs sacoches sur le sable, tandis que moi, mon pantalon sous la tête, comme un oreiller, je me suis probablement assoupi, ivre de fatigue. J'ai soudain senti un léger choc, comme un coup de pied dans ce qui me servait de coussin. Le temps d'émerger, j'ai vu mon pantalon posé un peu plus loin, et un enfant partir en courant. Il n'avait pas eu le temps de prendre ma montre, mais l'argent dans la poche arrière, oui.

Je ne m'en tirais pas si mal.

Une fois le bateau mâté, ma mission terminée, je suis rentré en France, j'ai retrouvé ma femme, je me suis remis au boulot. De son côté, l'équipage était reparti pour Le Cap, y était parvenu dans les délais autorisés et avait pris le départ de la deuxième étape jusqu'à Sydney.

Mais il était écrit que cette édition de la Whitbread ne serait décidément pas la bonne. À peine étaient-ils partis de Sydney, en route pour Rio, un nouveau démâtage, le lendemain du départ, est venu mettre un terme à l'aventure. La course était terminée pour *Pen Duick VI*. Même s'ils ont rejoint Rio après avoir fait fabriquer puis installer un troisième mât, Éric et son équipage sont arrivés hors délai.

L'abandon était la seule option possible.

3

Naviguer

Ma vie professionnelle a été aussi variée et intense que la vie de marin de mon frère. Mais ni lui ni moi n'avons fait fortune…

Dérouler un CV n'est pas une occupation particulièrement enrichissante, le seul intérêt de cet exercice consiste sans doute à résumer mon parcours professionnel et à démontrer que ma carrière, certes longue, fut également fort animée. Mais aussi que, plus j'avançais en âge, moins je trouvais de plaisir dans les activités commerciales qui permettaient de faire vivre ma petite famille. Notre père aimait ce métier de contact et de négociations. Éric et moi n'avions guère de prédispositions, finalement, que ce soit pour vendre, pour acheter, ou pour réussir dans nos entreprises de diversification. Je crois que nous étions surtout nés pour naviguer.

De 1974 à 1977 par exemple, j'ai travaillé pour le chantier Kervilor, à La Trinité. Un grand classique désormais, mes journées se partageant équitablement entre la vente de voiliers, la livraison de bateaux neufs ou d'occasion, le service après-vente, l'entretien, les chantiers d'hivernage...

Excepté lorsque quelqu'un voulait absolument devenir propriétaire et que la vente se faisait quasiment toute seule, ou lorsque des décisions politiques surprises favorisaient les échanges, j'étais rarement le plus habile des bonimenteurs. Me revient en mémoire cette fabuleuse progression de notre chiffre d'affaires quand, en 1975, le gouvernement décida d'augmenter le taux de TVA sur l'achat des bateaux de croisière, passant d'un chiffre déjà usuraire de 15 % à un taux de 20 % qui l'était plus encore.

Les réactions ne se firent pas attendre : le carnet de commandes de la société se remplit à une vitesse de vent de travers. Tout un monde de nouveaux propriétaires se précipita dans nos bureaux avant d'être pénalisés par la décision gouvernementale. Nous avons livré quasiment une unité navigante, neuve ou d'occasion, par jour ouvrable... Cela n'arrêtait pas et ce mouvement compulsif de fièvre acheteuse suffisait à lui tout seul à masquer mes piètres compétences de négociant.

J'étais plus à mon avantage lorsqu'il s'agissait de préparer nos bateaux et d'en démontrer les qualités sur l'eau. Menuiserie, électronique, mécanique : aidé par une vingtaine de compagnons qui m'épaulaient, je m'escrimais avec bonheur pour remettre au nouveau propriétaire un bateau quasiment parfait.

Puis, une fois en mer, je lui expliquais le réglage du mât, le fonctionnement des voiles. Cette « mise en main » était toujours fortement appréciée. Les conseils d'un Tabarly ne se refusent jamais.

J'appréciais moins – car cela demandait de travailler sans temps mort et un peu comme à l'usine – l'activité « location ». Chez Kervilor, nous avions dix-huit bateaux qui, l'été, devaient toujours être prêts à naviguer. Parfois il en partait seize en même temps. Pour un week-end ou pour une semaine. À peine rentrés au port, il me fallait les réviser pour les remettre immédiatement à la disposition des locataires suivants. Cela m'a valu quelques nuits sans sommeil... Le travail avant tout. Se hisser au sommet des mâts, vérifier que tout fonctionnait, réparer au plus vite lorsque ce n'était pas le cas. C'était une activité qui me permettait de satisfaire mon goût pour le travail manuel, et peut-être même, en toute modestie, de démontrer une forme d'excellence qu'alors je n'imaginais pas.

Je ne sais pas non plus si, un jour, j'eus l'âme d'un saint-bernard des mers, mais si je pouvais aider, je le faisais. Ça aussi, ça fait partie de mon caractère. « Je n'ai plus aucune puissance dans mon moteur », se plaignit un jour un client en me montrant son voilier de 10 mètres. Le mal était classique, et le diagnostic d'une imparable simplicité : un sac plastique avait dû s'enrouler autour de l'hélice. J'ai arrêté tous les gens qui passaient sur le quai pour leur demander de monter à bord et de se regrouper à l'avant. Le bateau a fini par se soulever un peu par l'arrière… Ensuite, j'ai pris une annexe et j'ai pu délicatement désentortiller le sac de l'hélice…

Et puis, un beau jour, un changement de directeur… Très rapidement, je me suis aperçu que mon nouveau patron ne partageait pas la même conception de la vie que moi… Je ne saurais dire pourquoi, mais il ne me plaisait pas. Et ce sentiment pouvait suffire à susciter chez moi une envie d'aller voir ailleurs. Deux mois après sa nomination, il me convoque, sans doute pour évoquer notre avenir commun.

« Si je vous parle du futur de notre société, que me répondez-vous, Patrick ?

– Qu'il se fera sans moi… »

À côté de moi, Christian Quidu, mon supérieur immédiat, commence à blêmir.

« Non, Patrick, ce n'est pas possible !

– Si, Christian, mais ne t'inquiète pas, tu n'y es pour rien, ce n'est pas à cause de toi. »

C'est ma façon de fonctionner, je n'ai jamais apprécié de travailler avec des personnes qui me mettaient mal à l'aise ! J'ai démissionné... et failli me tuer lors de ma dernière journée de travail.

Mon futur ex-patron m'avait demandé de préparer la mise à l'eau d'un ketch, pour que la grue puisse le soulever. Il a donc fallu que l'on me hisse au sommet de l'artimon pour décrocher le maroquin, ce câble qui relie entre elles les deux têtes de mât. Mais, au moment même où je le détachai, je me suis dit que j'étais peut-être en train de commettre une grosse erreur. Si le maroquin venait à m'échapper des mains, plus rien ne retiendrait le mât qui s'effondrerait vers l'arrière... Rien de grave, si ce n'est que je me serais alors aplati sur le macadam après une chute d'une quinzaine de mètres.

Petite sueur froide tandis que le seul lien qui me rattachait à la vie était ma main. Il était hors de question qu'elle lâche la petite torsade de métal.

En bas, l'ouvrier qui veillait sur moi était blanc comme un linge. J'ai tiré doucement sur le maroquin. Le mât a accepté de se redresser d'un bon mètre vers sa position initiale. J'ai demandé à mon compagnon de fixer une drisse sur l'avant du bateau et de la raidir au winch pour éviter que tout s'écroule. Ensuite j'ai pu retirer le maroquin et je suis redescendu en toute sécurité.

Mourir en tombant d'un bateau à terre... je préférerais une fin en relation plus étroite avec mon amour de la mer.

Ainsi se termina mon histoire avec le chantier Kervilor. Cela se passait en mai de l'année 1977.

C'est probablement de famille. Mais Éric n'a jamais vraiment aimé étaler ses états d'âme. Même s'il en avait, comme tout le monde.

Alors que je m'apprêtais à vivre de nouvelles aventures professionnelles, il me faut faire un léger retour en arrière pour une raison qui ne me concerne que d'assez loin. Encore que. Comme 1964, 1976 est devenu une date référence pour la voile française. Grâce à Éric, comme la première fois. Et ce, à la faveur de son deuxième succès dans la Transat anglaise.

Le départ eut lieu en juin. À l'origine, mon frère avait imaginé participer à cette nouvelle traversée à la barre d'un multicoque. Mais il n'a pas pu trouver le financement nécessaire. Se demander pourquoi est une bonne question. Et trouver la bonne réponse n'a rien d'évident... Peut-être n'était-il pas aussi bien entouré qu'il l'imaginait.

Toujours est-il qu'il s'inscrivit à la course avec son *Pen Duick VI*...

Alors que, avec une bande de joyeux lurons, il disputait une course appelée le Triangle atlantique et que ladite bande goûtait un repos sans doute mérité au Brésil, il laissa soudain son équipage en villégiature à Buzios, une station balnéaire chic à quelques kilomètres de Rio, afin d'effectuer seul le parcours de qualification nécessaire pour valider son inscription à la Transat. Lorsqu'il revint de ses 500 milles en solitaire, il était persuadé d'avoir fait le bon choix. Pourtant, son grand monocoque de 22 mètres avait été initialement conçu pour être mené par une douzaine de personnes.

Mais cela ne faisait pas peur à Éric.

La suite reste gravée dans le grand grimoire des légendes maritimes. Car la cinquième édition de la Transat a été une course proprement hallucinante. D'abord au regard du nombre extrêmement élevé de participants prêts à en découdre au départ de Plymouth : ils étaient 125 à croire en leurs chances, et seuls 78 sont parvenus de l'autre côté de l'Atlantique. Ensuite à cause de certains bateaux dont la démesure effrayait, notamment le *Vendredi 13* de 40 mètres mené par Yvon Fauconnier et surtout le *Club Méditerranée* d'Alain Colas qui déclinait ses quatre mâts et ses 72 mètres de pont le long des quais pris d'assaut par la foule...

Colas était désormais l'adversaire désigné d'Éric. Il représentait le marin moderne, le communicant, qui entendait réitérer sa victoire obtenue quatre ans auparavant et détrôner aux yeux du public la figure marmoréenne de mon frère.

Ironie de l'histoire, c'était avec l'ancien *Pen Duick IV* qu'il avait posé son empreinte sur la Transat 1972.

La traversée vers Newport fut en tout cas soumise aux diktats de l'océan et de ses tempêtes. On crut Éric perdu : comme il en avait l'habitude, il ne donna guère de nouvelles, car, comme les autres, il dut subir les dépressions qui se succédèrent. Elles furent cinq, furieuses et folles, qui distribuèrent leurs rafales infernales, 60 kilomètres-heure d'abord, 120 kilomètres-heure plus tard, anémomètre bloqué lors de la quatrième... Histoire de rappeler à l'être humain qu'il est bien petit à l'échelle du monde liquide et pas toujours de taille à lutter contre les éléments déchaînés. Des bateaux rendirent l'âme, d'autres se fendirent en deux ; un marin, (Mike McCullen) encore une fois, paya de sa vie la lourde facture que la mer envoie souvent à ceux qui estiment qu'il est aisé de la dominer...

Alain Colas et son géant des mers, blessés l'un comme l'autre, firent route vers Terre-Neuve alors qu'ils pensaient mener la danse. Éric et son mutisme légendaire continuèrent leur route sans donner signe de vie.

« Merci, monsieur le président », a-t-il simplement répondu à Valéry Giscard d'Estaing. Être reçu à l'Élysée lui faisait sans doute très plaisir, mais Éric n'a jamais aimé les longs discours.

De mon côté, englué dans le travail et la vie de salarié, je suivais la course depuis la terre. Les radios, les journaux n'en avaient au départ que pour Colas, qui semblait alors représenter cette philosophie du « toujours plus », celle des hommes qui n'ont peur de rien, ni des flots qui se déchaînent ni des bateaux si puissants qu'ils sont censés dompter l'océan.

Personne ne savait où se trouvait Éric. Alain Colas, lui, était reparti de Terre-Neuve après avoir remis son *Club Méditerranée* en état avec l'aide d'une dizaine de techniciens. Nul n'était alors capable de dire qui allait l'emporter.

Je commençais à tourner en rond. Pour me calmer, mon patron me convoqua : « Patrick, je crois que je vais t'envoyer livrer un bateau à Sainte-Maxime. » J'y allai en camion, accompagné d'un chauffeur. Après quelques heures de route, je fus assez surpris de constater que certains véhicules qui nous croisaient nous lançaient des appels de phares.

« Tiens, des amateurs qui ont reconnu le voilier que nous transportions ! » pensai-je.

Pas tout à fait. Le mardi 29 juin, après vingt-trois jours de déboires et de stress, surgissant de la brume, Éric remportait la Transat pour la seconde fois. La surprise fut totale, même si, quelques jours auparavant, une rumeur avait grossi, laissant entendre que *Pen Duick VI* avait été repéré par les gardes-côtes canadiens et qu'il faisait bien la course en tête. Il faut ajouter aussi, et sans mentir, que, durant ces journées d'expectative, la France entière se passionna pour le duel de ses deux marins, le discret et le bavard, le conservateur et le soi-disant modernisateur.

Et puis, après avoir viré le phare de Nantucket, ultime marque de parcours – ce que, faute d'avoir lu le nouveau règlement, il aurait pu s'éviter de faire –, Éric passa la ligne d'arrivée en triomphateur.

Et moi qui continuais à rouler… Sans comprendre que les appels de phares avaient une explication. Europe 1 venait de lancer une annonce après la victoire : « Prévenez-nous si vous croisez un camion transportant un voilier, nous aimerions parler avec le type qui est à son bord… » Je ne l'ai su qu'une fois arrivé à Sainte-Maxime. Trop tard !

C'est Christian Quidu, mon patron, qui a été interviewé.

Pas le temps de célébrer la deuxième victoire de l'aîné de la famille, ni de remonter à Paris pour assister à sa descente des Champs-Élysées dans une voiture découverte et sous les acclamations de la foule. Sur le port, j'avais rendez-vous avec le grutier. Nous avons livré le navire, nous l'avons mâté, puis mis à l'eau. Je ne suis remonté à La Trinité que quelques jours plus tard.

La conclusion fut, en janvier 1977, une nouvelle réception à l'Élysée. Après le général de Gaulle, c'était Valéry Giscard d'Estaing qui avait lancé l'invitation. Toute la famille s'y était donné rendez-vous. Sauf papa.

Il nous avait quittés quelques mois avant le départ de la Transat. J'avais appelé à la maison un vendredi soir pour dire que j'allais passer saluer tout le monde. Le temps d'arriver, papa n'était plus là : en voulant repeindre une fenêtre du premier étage, il avait lourdement chuté... À 73 ans, alors qu'il était en pleine forme ! Nous eûmes tous une pensée pour « Babar » qui, au paradis des pères et des marins, devait applaudir à l'exploit de son fils aîné, en offrant du bon vin à ceux qui l'entouraient...

Ses quatre enfants en tout cas étaient tous réunis dans les salons dorés du palais présidentiel. Mon ressenti fut à la fois intense et furtif. Nous étions heureux de nous retrouver, mais n'échangerions que quelques mots et un peu de champagne, avant que chacun reparte de son côté. Armelle et son mari en grande banlieue, Annick et maman à Avrillé, moi à La Trinité.

Le temps toutefois d'écouter le discours du président Valéry Giscard d'Estaing, troussé comme le sont les hommages de la République : mots choisis, phrases qui redessinent les épopées, émotion sans doute non feinte.

Éric prit la parole après que le président lui eut épinglé sur le torse la médaille d'officier de la Légion d'honneur, mais fit très court. Son simple merci se para des vertus de la sincérité. Il ne goûtait guère les éloges et les soliloques ; appréciait, cependant, que l'on reconnaisse ses mérites.

Car des mérites, il en eut bien sûr. Surtout sur l'eau. En dehors en revanche, Éric, encore une fois, n'était pas un homme d'affaires avisé. Même si, autour de lui, certains pensaient qu'il serait facile et judicieux de faire fructifier la belle image qu'il véhiculait depuis son premier succès sur les océans. La notoriété d'un homme, pensaient-ils, devait se monnayer sans tarder. À quel prix ? Peut-être pas à celui que ses admirateurs seraient prêts à payer…

Pen Duick 600, ils l'auraient vendu un petit peu plus cher, tout le monde l'aurait acheté quand même. Mais Éric n'a pas voulu changer d'avis. Pour lui, une parole était une parole.

Après mon départ mouvementé de Kervilor, je ne me suis pas éloigné de la mer. À l'entrée du golfe du Morbihan, j'ai trouvé un job chez Senautour. Une société dont les bureaux étaient situés à Paris et qui entendait monter plusieurs structures en bord de mer sous l'appellation de « Base Pen Duick », un nom habilement choisi pour profiter au mieux de la notoriété immense des bateaux de mon frère. La première de ces bases, dont on me confia la direction, fut créée au Crouesty. Nous disposions là à la fois d'un navire-école, le fameux *Pen Duick III* avec lequel nous emmenions naviguer des stagiaires, et d'une flottille de bateaux de location, dont une dizaine de Pen Duick 600 !

Le Pen Duick 600 ! Un petit croiseur léger aux lendemains incertains dont la triste et courte destinée résume à elle seule qui était mon frère lorsqu'il n'était pas en mer, devant une table à dessin ou dans le hangar d'un chantier naval.

Éric était bien sûr de ce bois dont on fait les exploits. Il était moins taillé pour devenir capitaine d'industrie... Et ses tentatives ratées de diversification dépeignent aussi l'homme qu'il fut et celui qu'il ne fut pas. Avec cette nostalgie un peu confite que les années qui passent confèrent aux échecs.

Nous étions toujours au beau milieu de ces années 1970 où les pantalons avaient des « pattes d'éléphant », où la France se trémoussait au rythme des chansons des Rubettes, où Renault allait bientôt lancer une campagne de pub pataude pour l'un de ses nouveaux modèles, la R 14, surnommée par des experts en marketing « la Poire » et qui verrait son destin contrarié notamment à cause de ce slogan peu porteur.

L'histoire des Pen Duick 600, petits bateaux d'aluminium ronds comme des thons, pourrait ressembler à celle de ce piètre échec commercial. Même si elle s'est nouée dans une période sportivement riche où la démocratisation des pratiques allait avancer de pair avec les succès acquis par nos champions nationaux.

Le tennis, par exemple, voyait la construction de courts empiéter sur les terrains municipaux. La plaisance aussi avait le vent en poupe, mon frère et ses *Pen Duick* en étaient les fers de lance.

L'idée de concevoir un bateau de croisière de petite taille (6 mètres), aisément transportable (environ 700 kilos) et d'entretien aisé – le fameux tout en alu déjà testé (en course) par Éric –, avait fait son chemin et les juteux espoirs de profit rapide semblaient justifiés.

Le petit Pen Duick avait d'abord été dessiné par Dominique Presles, un architecte de bonne renommée, et devait être fabriqué en Normandie par le chantier Le Guen-Hémidy. Conçu pour être simple à construire, il devait également rester peu coûteux à l'achat. D'où l'utilisation de l'alu, un matériau qui n'avait pas besoin d'être beaucoup travaillé et qui a conduit à cette forme un peu rondouillarde qui rendra le « 600 » si aisément reconnaissable.

Un prototype avait d'abord été assemblé puis mis à l'eau pour des tests. J'avais ainsi pu faire un rond dans l'eau à son bord du côté de Chausey, lors d'une sortie qu'Éric avait organisée sur *Pen Duick VI* pour réunir ses anciens équipiers. En toute objectivité, je l'avais trouvé moyen dans son comportement marin, ce petit modèle... Mais bon, encore une fois, ce n'était pas moi qui détenais les clés de la décision.

Simple en tout cas, il l'était ; peu coûteux, il le serait aussi. Quoique...

L'idée originelle était de le vendre moins de 20 000 francs, soit en langage d'avant-hier deux millions d'anciens francs, et dans le système actuel l'équivalent de 3 000 euros. Autant dire pas grand-chose pour un voilier habitable au moins pour deux personnes, peut-être quatre si on se serrait, ou était de petite taille.

Hélas, une fois le premier exemplaire lancé, le chantier s'est rendu compte que, à ce tarif-là, les bénéfices seraient faméliques, pour ne pas dire mortifères.

Éric et son conseiller financier – Gérard Petipas, mais je préfère employer ce qualificatif qui, dans ma bouche, sonne comme un désaveu –, Éric et son conseiller financier, donc, ont obligé le constructeur à maintenir le prix annoncé et à le vendre comme tel lors du Salon nautique de 1976.

Le succès fut d'abord au rendez-vous. Le nom de Tabarly était sans doute gage de qualité, de fiabilité et laissait aux futurs propriétaires la possibilité de s'imaginer un destin de loup de mer. Il y eut près de deux cents commandes, peut-être même plus…

Cela ne dura pas.

Une fois le salon terminé, le fabricant envoya un courrier aux acheteurs qui avaient déjà versé un chèque d'acompte, en leur demandant de remettre au pot. La moitié des commandes furent annulées, et les demandes de remboursement suivirent le mouvement.

Il suffit parfois d'un procédé commercial malvenu pour sonner le glas d'une carrière. Comme si l'acheteur avait l'impression qu'on le menait en bateau. J'avais pourtant insisté auprès d'Éric pour que le petit sloop soit vendu à un prix normal, donc supérieur de deux ou trois mille francs au prix annoncé, ce qui, de toute façon, en ferait encore un bateau très bon marché que tout le monde aurait envie d'acheter. Mais buté il était, buté il resterait, Éric n'avait pas voulu déroger à cette règle ancestrale : « Ce qui est dit est dit, cochon qui s'en dédit. »

Au bout de trois ans et 350 petits croiseurs péniblement assemblés dans les ateliers, le chantier décida d'arrêter les frais. Il n'y eut pas d'éloge funèbre.

Aujourd'hui il n'est cependant pas rare de croiser, et pas seulement en Bretagne, quelques survivants plus ou moins habilement conservés. Ainsi, du côté du Marin, en Martinique, il en reste un qui, tel un monarque déchu, trône au beau milieu d'un rond-point. Un vestige échoué qui aurait probablement pu connaître un sort plus conforme à sa nature.

C'est en tout cas ce que je me disais lorsque, employé à la base du Crouesty, je naviguais sur l'un des Pen Duick 600 qui faisaient partie de notre flotte. Je me suis en effet vite rendu compte que le petit voilier d'alu pouvait être modifié simplement et que cela améliorerait probablement ses qualités. Sans doute en avais-je marre de m'évertuer à hurler, lors des départs de course ou des passages de bouée, face à des voiliers qui n'étaient pas des *Pen Duick* : « Attention, attention, je ne vois pas où je vais », tant il était délicat à manœuvrer, tant il n'en faisait qu'à sa tête, notamment sous spi, où il pouvait tout aussi bien partir au lof qu'à l'abattée.

Ainsi, comme il était également assez gîtard, je me suis demandé si, en ajoutant un peu de plomb dans sa petite quille creuse, cela ne modifierait pas son comportement. Lors des célèbres régates d'hiver du Crouesty que je disputais à la barre d'un des derniers-nés, j'avais en effet senti qu'il manquait peut-être un peu de lest, et que cela suffirait sans doute à le rendre plus performant. J'ai donc ajouté quarante kilos de lingots de plomb pour l'asseoir un peu plus sur l'eau. Son comportement en devint plus marin et le petit Pen Duick se révéla soudain assez facilement manœuvrable. Même sous spi. Même avec du vent.

La seule chose qu'il ne fallait jamais faire en revanche, c'était essayer de grimper au mât. Parce qu'il se couchait alors sous le poids du marin. Je ne l'ai fait qu'une fois...

Sinon, depuis quelques années, sur un plan plus personnel, je cherchais à me recentrer. D'abord, je naviguais moins souvent dans de grandes compétitions : pas question, alors que j'étais désormais chargé de jeunes âmes, d'aller « glandouiller » au soleil. Il fallait à mes trois fils un père présent pour que tout le monde reste dans le droit chemin. Et comme je menais une vie agréable entre Angers, La Trinité et Le Crouesty, je ne voyais pas vraiment la nécessité de m'éloigner de la maison familiale que je venais de construire à Crac'h, entre la baie de Quiberon et l'entrée du golfe du Morbihan.

Au moins jusqu'en 1979, date du premier et unique licenciement de ma carrière. Parce que, entre l'épisode Pen Duick 600 et la raréfaction de nos stagiaires, entre les coûts de fonctionnement beaucoup trop importants, notamment à cause des bureaux parisiens, et les affres de la réalité économique de la fin des années 1970, les affaires périclitèrent progressivement.

Il me fallut partir au printemps.

Il m'a dit : « Patrick, je ne peux pas te prendre, je vais faire la course avec Marc Pajot », puis Éric a tourné les talons. J'étais au Salon nautique, à mon stand, avec des clients. C'était assez brutal.

Alors que son premier multicoque à foils était en construction, et qu'il n'allait pas tarder à être mis à l'eau, Éric m'avait proposé de participer avec lui à la course Lorient-Les Bermudes-Lorient, une épreuve en double de près de 6 000 milles avec, donc, deux traversées océaniques successives. Il me l'avait promis et je m'en gargarisais d'avance.

Et puis les vicissitudes de la vie, des financements et des acoquinements ont fait que, au bout du compte, ça ne s'est pas fait. Marc Pajot, qui avait déjà navigué avec Éric sur *Pen Duick VI*, lui a présenté Paul Ricard ; le bateau a été baptisé du nom du fabricant de boissons anisées... et puis Marc a pris ma place.

Souvenir impérissable. J'étais au Salon nautique, en train de discuter avec des clients quand Éric a surgi. Il voulait m'annoncer son choix avant que je le découvre dans la presse. Comme mon frère ne savait pas prendre de pincettes, il m'informa sans ambages qu'il ne ferait pas la course avec moi. Il avait quelqu'un d'autre...

Comment le dire mieux ou plus simplement, je ne vois pas. Sentant néanmoins qu'il ne s'était pas montré très diplomate, il me proposa quelques jours plus tard de me prêter son *Pen Duick III* pour que je puisse tout de même disputer la même course.

Il me fallait trouver un comparse pour le co-skipper. Avec Philippe Poupon, qu'Éric connaissait bien, je ne pouvais pas mieux tomber. C'était un des tout bons, un marin bardé de qualités, de gentillesse et de grandes compétences. Nous sommes logiquement tombés d'accord.

Cela n'a l'air de rien mais, même si, en tant que frère, je pouvais utiliser les bateaux que je voulais, Éric n'était pas si prêteur que ça. Je mesurais donc ma chance, tout en la relativisant : s'il avait confiance en Philou et moi, il avait aussi conscience que nous n'étions pas des adversaires potentiels. Jamais il n'aurait laissé l'un de ses bateaux à un concurrent direct, susceptible de faire un meilleur résultat que lui.

De cette double traversée de l'Atlantique ne subsistent que de beaux souvenirs. Même si c'était une époque où personne ne vivait véritablement de la voile, nous avions réussi, avec Philou, à trouver quelques petits sponsors. Cela nous permit de joindre les deux bouts. Nous faisions tout. Je me revois encore la veille du départ, fondre du plomb pour améliorer et stabiliser l'équilibre du régulateur d'allure. J'ai bien fait : il nous accompagna jusqu'au bout de notre voyage en double.

Même si, à cause de l'urgence, nous n'avions pas eu l'occasion de beaucoup naviguer ensemble, la course fut un délice, une succession de quarts et de temps pas toujours très partagé, peu de sommeil et quelques rares ennuis de santé. Un furoncle au bras commença à me gêner, il me fallut appeler Saint-Lys Radio. Saint-Lys ! À l'époque, notre seul lien, vénéré, avec la terre. Une station de radiotéléphonie située près de Toulouse, ouverte vingt-quatre heures sur vingt-quatre à tous les navigants, et qui disposait d'un médecin de permanence. Combien de marins ont senti leurs forces revenir, leur moral remonter après avoir eu en ligne une voix rassurante et compréhensive ? Il fallait prendre son tour, puis la station vous rappelait et la discussion pouvait commencer. En sachant que tous les bateaux à l'écoute entendaient la conversation…

Une fois en ligne avec le médecin de permanence, celui-ci me conseilla d'attendre que le bouton continue sa méchante croissance. Puis, quand il serait effectivement bien mûr, une lame de rasoir me permettrait d'en trancher le sommet, le pus s'écoulerait, je me sentirais mieux. C'est ce qu'il advint, même si la petite cicatrice me lançait lorsque j'enfilais mon ciré.

Sinon, à part un bras heurté par le retour de manivelle d'un emmagasineur de drisse, pas grand-chose à signaler. Du bonheur et du plaisir, de la régularité, de la vitesse. Aucune animosité ni méchanceté. Le seul léger blâme que me fit un jour Philou, lors de la transat retour, ce fut d'être remonté « un peu trop nord » sous spi, alors qu'il se reposait. Sans forfanterie, je pense d'ailleurs que cette petite option nous aura été bénéfique. C'est dire la qualité de notre entente. De mon côté, jamais je ne me suis permis de lui reprocher quoi que ce soit. Nous avons navigué ainsi jusqu'à l'arrivée où, hélas, à quelques milles de l'arrivée, *Serenissima*, concurrent peut-être plus hardi ou plus casse-cou que nous, longea les cailloux sous spi du côté de Lesconil. Alors que nous pensions qu'il allait se briser sur des hauts-fonds, son audace se révéla payante. Nous ne l'avons jamais rattrapé et avons terminé deuxièmes de notre classe, sixièmes en temps réel, derrière trois multicoques, deux monocoques de plus de 20 mètres et, donc, *Serenissima*. Sur *Paul Ricard*, bien qu'arrivés avant nous, Éric et Marc Pajot s'étaient fait eux aussi doubler in extremis par le duo Riguidel-Gahinet... Et avaient fini deuxièmes en temps réel.

La course du Figaro ? J'y ai participé une fois seulement. Soit une fois de plus qu'Éric...

Quelques semaines plus tard, je m'installais à mon compte, mais cette fois en récupérant une petite boutique à La Trinité. Installé sur une sorte de terrain vague qui deviendra plus tard la place du Marché, mon magasin d'accastillage, de planches à voile et de tout ce qui fait le bonheur du marin était parfait. Seule sa faiblesse face aux aléas climatiques le rendait parfois très humide. Il n'était pas rare en effet que je sois inondé. Notamment lors des grandes marées, si un clapet de la digue censée nous protéger refusait de se refermer, l'eau montait jusqu'à la première marche du magasin. Situé sur le quai, ce petit portillon s'ouvrait au jusant pour permettre aux eaux situées en amont – dont faisait partie le marécage sur lequel avait été construite ma boutique – de suivre le mouvement. En revanche, lorsque le flot remontait, si le clapet restait ouvert parce que bloqué pour une raison ou pour une autre, rien n'arrêtait la course folle du courant de renverse. Et il m'est arrivé de retrouver, flottant devant le magasin, les quelques dériveurs que j'avais en exposition.

Je repris là une activité classique. Nous étions deux l'hiver, trois ou quatre l'été. Entretien, vente, livraisons, services, ma panoplie ne variait guère si ce n'est que je m'organisais à nouveau comme je l'entendais.

Devenir mon propre patron et, pour une fois, battre en brèche notre réputation, à Éric et moi, de piètres hommes d'affaires. Quand j'ai créé Océan Service, au capital de 20 000 francs, il me manquait 10 000 francs. J'ai donc demandé à mon frère et à un ami s'ils pouvaient mettre chacun 5 000 francs dans la société. Ils ont accepté.

Trois ans plus tard, je leur proposerai de racheter leurs parts et ferai à chacun un chèque de 7 500 francs.

« Tu t'es trompé, ce n'est pas la somme que je t'avais donnée, me déclarera Éric.

– Oui, mais c'est parce que vos parts ont pris de la valeur.

– Ah ben, ça alors, s'exclamera-t-il, c'est bien la première fois que je gagne de l'argent dans une entreprise… »

Sept mois après la création de ma boîte en tout cas, une jolie opportunité allait se présenter et me permettre de disputer la célèbre épreuve créée par le journal *L'Aurore*, tout juste rebaptisée « Course du Figaro ». Un nouveau Salon nautique, une proposition qui ne se refuse pas, celle du patron d'une entreprise de planches à voile avec laquelle je travaillais qui voulut bien acheter un bateau et m'en confier la barre. Ce fut tellement surprenant que je crus d'abord à une farce !

Bien décidé à me préparer au mieux, je disputai d'abord quelques régates pour me familiariser avec l'engin, découvrant avec bonheur la vigueur de son Spi et son formidable coup d'accélérateur. L'été venu, j'ai convoyé *Skipper international*, c'était son nom, jusqu'à Perros-Guirrec, ville de départ de la course. À bord avec moi, Françoise et Yannick, mon fils aîné, tout juste âgé de 8 ans. Le voyage fut agité par un très gros clapot autour du raz de Sein. Yannick prit peur, et, après l'avoir mis à l'abri, j'ai débarqué femme et enfant à Brest avant de continuer vers le petit port de ce qui s'appelait encore les Côtes-du-Nord.

Une fois le bateau amarré dans le bassin à flot, je retournai travailler pour que mon absence ne soit pas trop préjudiciable, tandis que les autres concurrents fourbissaient encore leurs armes... Je demandais juste à une amie de passer régulièrement au bateau pour parer au plus pressé en cas de pépin.

La première étape ne fut donc pas très brillante, la faute à la fatigue accumulée qui ralentissait sans doute mes gestes et ma prise de décision, puis à l'absence de vent qui me contraignit à mouiller une ancre peu de temps après le départ. Les détails d'une course réussie peuvent se nicher partout : au moment de repartir, l'ancre resta crochée au fond. Je la remontai au winch, en même temps qu'un vieux chalut de pêche, si lourd que le nez de mon bateau toucha presque l'eau. Pour moi, il était hors de question de gaspiller du matériel.

« Pourquoi tu n'as pas tout coupé ? » m'ont demandé des concurrents.

Je ne sais pas, je suis comme ça.

J'ai perdu pas mal de temps.

Puis, après les Scilly, alors que je faisais route vers Kinsale, en Irlande, le bateau a commencé à souffrir, j'ai d'abord cassé quelques membrures que j'ai calées avec des sacs à voile. J'ai ensuite connu des problèmes de drisses, m'obligeant à monter au sommet du mât. Autant de désagréments qui, à l'issue de la première étape, me laissèrent assez loin au classement général.

Les histoires de famille ne sont pas toujours passionnantes, mais le soutien apporté par mon beau-frère Jean-Claude mérite d'être noté. Avant l'étape qui devait nous ramener vers Pornic, en pensant m'aider, il avait soulevé le capot moteur pour vérifier le niveau d'huile. Attention louable mais effet désastreux puisque, au moment de partir, l'engin refusa obstinément de se remettre en marche. D'une part, plus aucune compression, et, d'autre part, plus aucune clé. Disparu, le trousseau ! Et bien ennuyé, le skipper. Un mécano de Pornic les retrouva plus tard, elles étaient tombées dans la prise d'air et avaient bloqué une soupape... En mécanique, tout s'explique toujours.

De mon côté, je me débrouillais de mieux en mieux et pointais à la dixième place au général à l'arrivée de l'avant-dernière étape elle-même terminée en quatrième position.

Je comptais sur l'ultime manche qui devait nous emmener en Espagne pour grimper encore dans les classements. Hélas, une grève des pêcheurs et le blocage de certains ports eurent raison de ce dernier parcours qui fut annulé. Dixième j'étais, dixième je resterais. Pas indigne lorsque se déploie la liste des participants à cette édition du Figaro, au sein de laquelle brillent encore quelques noms connus : Le Cam, Peyron, Carpentier, Follenfant, Cordelle, Birch, Gautier… Ou Gahinet, vainqueur final.

Je fus assez satisfait de ma performance, puis retournai très vite au boulot, heureux de constater que ma petite entreprise n'avait pas périclité pendant mon absence.

Éric aimait la mer, mais je n'ai jamais su s'il aimait le multicoque. Je n'en suis pas sûr…

À peine remis de ce périple en haute solitude, je rejoignis bien vite Éric sur son *Paul Ricard* pour disputer une nouvelle course en équipage. Entre La Baule et Dakar. Nous sommes partis à trois, mon frère, Éric Bourhis et moi. À peine sortis de la baie, première frayeur : les foils ont touché les hauts-fonds du plateau de la Banche : Éric n'avait pas vu la bouée à laisser sur bâbord. Puis ce fut la traversée d'un golfe de Gascogne que nous avions rarement vu aussi violent. Aux commandes d'un bateau lourd, certes, mais dont les foils lui permettaient de soulager les flotteurs dans la mer, le début de course fut néanmoins vaillant et les grandes vitesses atteintes s'inscrivirent au plus profond de nos mémoires…

C'était la première fois que je dépassais les vingt-cinq nœuds. Sur un multicoque à foils dont je ne maîtrisais pas encore toutes les réactions. Moins physique que le *Pen Duick VI*, mais au comportement si différent : un monocoque gîte, pas un multi ; un monocoque traverse les vagues, un multi enfourne, provoquant ainsi des coups de frein assez monstrueux.

Nous avons néanmoins fort bien avancé jusqu'à Madère. Ou du moins jusqu'à la panne de nos batteries qui nous a empêchés de communiquer notre position au moment où nous virions la bouée de Horta, marque obligatoire du parcours devant laquelle nous nous sommes présentés les premiers. Pour nous signaler. Nous avons dû pratiquement entrer dans le port et éclairer le numéro de voile avec nos lampes torches pour que le comité de course enregistre notre passage. La perte de temps a été notable mais pas rédhibitoire.

Éric a ensuite choisi une route un peu plus ouest. Notre poursuivant immédiat, Marc Pajot et son *Elf Aquitaine*, calé un peu plus est, en profitera pour nous devancer avant le Cap-Vert. Puis, à cause d'un compas mal réglé, et malencontreusement décalés par un courant traversier sous-évalué, nous suivrons une route cette fois un peu trop sud avant de nous rapprocher de la capitale sénégalaise.

Pas la meilleure trajectoire assurément : le dernier bord se fera au près, quand un multicoque apprécie surtout les allures au bon plein. Nous perdrons encore une place. À l'arrivée, nous terminerons dans le tableau arrière du *Royale* de Loïc Caradec...

Une question commença alors à me trotter dans la tête. Je ne sais pas si mon frère était heureux à bord de ces voiliers aux nombreuses coques. Je n'en suis pas si sûr. Et aujourd'hui encore je m'interroge. Éric n'avait pas peur – il n'avait peur de rien –, même si, comme à son habitude, on était tout le temps à fond. Il aimait être en mer... mais je ne suis pas certain que ce type de voilier l'ait un jour conquis.

D'autant que son *Paul Ricard*, aux foils révolutionnaires, se révéla finalement peu compétitif. Pour plusieurs raisons. Trop court dans sa première, puis sa deuxième version (16,50 puis 17,40 mètres), trop lourd, il manquait d'une dérive que je réclamerai souvent, Éric me répondant chaque fois que, puisqu'il avait des foils, il n'en avait pas besoin. Il faudra attendre la troisième version, plus longue – 18,28 mètres –, munie d'un nouveau mât, d'une surface de voilure plus importante et, enfin, d'une dérive centrale, pour que le bateau révèle son vrai potentiel.

En attendant, en 1981, alors que la France venait tout juste de changer de régime, nous avons disputé ensemble la première édition de la Twostar, version en duo de la légendaire Transat anglaise, courue elle aussi entre Plymouth et Newport... Croyant me faire plaisir, Éric m'annonce qu'il a fait installer deux petites dérives asymétriques qu'il faut néanmoins remonter une fois atteinte la vitesse de quinze nœuds.

« Tu n'as pas l'air content...

– Éric, ce qu'il faut, c'est une seule grande dérive qui résiste à plus de quinze nœuds. Là, avec ton installation, à chaque virement de bord, outre le mât et la vergue à orienter, les bastaques et les voiles à régler, s'il faut rajouter le maniement des dérives, ton bateau devient une usine à gaz... »

Une usine à gaz dont nous ne tirerons rien de très positif lors de cette course. Une voie d'eau subite, une grand-voile épaisse défectueuse que nous jetons à la mer car trop encombrante et impossible à plier, et nous rebroussons chemin.

Le parcours de cet étonnant bateau n'en restera pas là, mais comme les larmes de l'échec, l'encre de son histoire ne séchera jamais. Les abandons se succèdent. Seul pour Éric lors de la Route du Rhum 1982, après que la pièce qui oriente le mât-aile a cassé. À deux lorsque, avec lui, je m'élance pour la Transat Lorient-Les Bermudes-Lorient en 1983. Fuite d'eau, vergue en tête de mât tordue, dérive également tordue.

Ensuite, c'est la troisième et dernière version de *Paul Ricard* que je lui prépare à l'occasion d'une nouvelle Transat, un an plus tard. Pour aider mon frère, pas toujours à l'aise avec les nouvelles technologies, j'avais notamment compilé toutes les notices d'utilisation du matériel, pour lui simplifier la tâche lorsqu'il aurait à utiliser l'un ou l'autre. Par précaution, je lui avais aussi installé six pilotes automatiques. Parce que, dans toutes ses courses en solitaire, Éric a toujours connu des problèmes de pilote. Je voulais qu'il parte tranquille. Au cas où...

Au bout du deuxième jour, il en avait déjà cassé un. Éric s'est dit que, à ce rythme-là, il n'en aurait pas suffisamment pour tenir jusqu'au bout des dix-sept jours de traversée prévus, alors il a préféré s'en passer, a tenu bon pendant trois jours, soit avec la barre amarrée, soit en la tenant lui-même pendant de longues et fastidieuses heures. Après s'être battu trois jours, en passant devant le tableau électrique, il s'est aperçu qu'un interrupteur ne lui paraissait pas dans la bonne position, il l'a basculé, et là, miracle : le pilote s'est remis à fonctionner.

Résultat : il est arrivé trois heures après Philippe Poupon et Marc Pajot. S'il avait trouvé plus rapidement la solution à ses ennuis techniques, il aurait sans doute gagné. Étrangement, Éric ne m'a jamais parlé de cette mésaventure, je ne l'ai apprise que plus tard. Peut-être entendait-il me préserver ? Un préparateur qui a tout fait pour que son poulain l'emporte pourrait se vexer en apprenant que ce qu'il avait mis en place avait été réduit à néant à cause d'un simple interrupteur.

J'ai néanmoins eu quelques regrets pour mon frère, tout comme j'en ai eu pour Philippe Poupon. C'est lors de cette édition que Philou a versé des larmes presque aussi chaudes que les eaux du Gulf Stream. Alors qu'il était arrivé le premier et pensait avoir course gagnée, il a été supplanté par Yvon Fauconnier déclaré vainqueur, après que le comité de course lui a soustrait les heures passées à venir en aide à Philippe Jeantot qui avait chaviré au beau milieu de l'Atlantique.

Avec Paul Ricard, *Éric a battu un record mais n'a jamais gagné une course.*

Une fois arrivé à Newport, Éric n'était pas du tout intéressé par l'idée de ramener son foiler au pays. Avec son sponsor, nous avions décidé que c'était moi qui skipperais le *Paul Ricard* sur le chemin du retour.

En configuration course et en équipage puisqu'il existait alors une transat dénommée la Québec-Saint-Malo. Olivier Le Diouris, Philippe Monnet et Jean-Jacques Granchamp, mes trois équipiers dûment sélectionnés, ont remonté *Paul Ricard* jusqu'au Canada. Et je les ai rejoints un peu plus tard au Québec.

Le 19 août 1984, nous prenons le départ. La descente du Saint-Laurent est longue et piégeuse, la cartographie mouvante car l'hiver et les glaces modifient parfois la position des rochers et des hauts-fonds sableux. Nous naviguons en suivant le chenal pour éviter toute mauvaise surprise. Alors que la nuit vient à tomber, il nous faut prendre un ris pour passer une bouée posée par les organisateurs. Un ris obligatoire depuis qu'Éric a fait dessiner et fabriquer une nouvelle et gigantesque grand-voile. Tellement grande même qu'il fallait en diminuer la taille lors de chaque virement de bord ou empannage. Sinon, la voile ne passait pas d'une amure à l'autre.

Nous étions tous affairés à remonter la grand-voile quand soudain nous avons ressenti un grand choc ! Le temps de regarder derrière et nous avons aperçu une bouée de chenal, pas éclairée. En passant entre la coque et le flotteur tribord, elle avait cassé le câble qui reliait l'étrave à l'extrémité du bras de liaison sur lequel est fixé le flotteur.

Heureusement, c'était le seul dommage visible : si la bouée s'était relevée plus vite après le choc, elle aurait pu accrocher le câble arrière et couper *Paul Ricard* en deux. Funeste perspective.

Néanmoins, il fallait s'arrêter. La poutre qui tient le flotteur aurait pu se plier si nous avions continué. Une fois l'ancre mouillée, nous avons constaté qu'il n'y avait pas d'autres dégâts. Mais c'était grave. Si nous voulons repartir, il nous faut un câble, des serre-câbles et un ridoir. Or nous n'avons rien de tout ça à bord.

Philippe Monnet, qui était à la barre au moment de l'incident, est descendu à terre, il a commencé à fouiller partout, y compris dans les poubelles qu'il débusquait sur son chemin quand des policiers en patrouille l'ont interpellé. Cheveux longs, barbe naissante, nuit tombante, il semblait bon pour un interrogatoire. Heureusement, ces policiers étaient aimables et compréhensifs. Lorsque Philippe leur a expliqué qui il était et ce qu'il cherchait, la réponse a fusé : « Venez avec nous. » Ils l'ont emmené chez des forestiers, près d'un barrage, où Philippe a pu faire ses emplettes. Il a récupéré un gros câble pour tirer les arbres, des serre-câbles, et même des ridoirs utilisés pour tenir les poteaux électriques.

Puis il est revenu à bord comme un fou furieux. « Allez, allez, faut repartir, faut repartir ! » Nous ne lèverons l'ancre qu'au petit matin après avoir bossé de longues heures.

Un peu plus tard, à la sortie du Saint-Laurent, et à cause d'une grosse risée qui nous a surpris alors que nous virions une marque de parcours et que nous étions sous spi, nous avons manqué chavirer. Le bateau eut l'élégance, une fois l'écoute de spi larguée et après quelques secondes de flottement, de retomber du bon côté.

Il nous arrivera encore un gros pépin, comme la rupture du ridoir de galhauban qui maintenait toute la mâture du côté tribord et qui nécessita un arrêt à Saint-Pierre-et-Miquelon… Nous trouverons au port des soudeurs de grande valeur qui nous répareront la pièce aux petits oignons.

Nous repartirons alors, traverserons l'océan sans GPS, pour cause de panne subite. Sans jamais voir le soleil non plus, ce qui n'est jamais évident lorsqu'il s'agit de faire le point.

En arrivant de l'autre côté, nous distinguons une pointe, c'est le cap Lizard, il ne nous reste qu'à redescendre vers la cité corsaire. Nous terminons premiers de la classe II. Derrière nous, Florence Arthaud et Yvon Fauconnier, qui arriveront deux et trois heures après.

Ce sera la seule victoire de *Paul Ricard*, le bateau avec lequel mon frère avait battu le record de la traversée de l'Atlantique quatre ans plus tôt…

La fin ne sera pas très belle. En décembre 1984, nous participerons à la Route de la découverte entre Benalmadena, en Andalousie, et Saint-Domingue. Une course en équipage. À quatre, mais sans Éric.

Là encore, nous abandonnerons peu avant l'arrivée, à cause d'une rupture de foils. Continuer aurait été suicidaire, les foils étant les appendices qui empêchaient *Paul Ricard* de chavirer… Ce dernier incident signera la fin du bel oiseau. La poutre et les flotteurs resteront à Saint-Domingue ; la coque et la mâture seront rapatriées.

La coque, rallongée, et la mâture, améliorée, serviront à la construction du dernier multicoque d'Éric, *Côte d'Or II*.

« Prends garde à toi, c'est un catamaran ! Ce sont des bateaux dangereux, ne va pas chavirer ! »

En 1986, je file avec Éric Loizeau qui m'embarque sur son *Roger et Gallet*. Ce n'est pas moi que ce charmant skipper avait choisi au départ, mais un de ses amis, moniteur à l'ENV, l'École nationale de voile. Mais celui-ci n'ayant pu se libérer, j'ai sauté sur l'occasion…

Éric Loizeau me propose un contrat de préparateur et me demande d'être son second sur les Grands Prix, pendant deux ou trois mois, en guise d'entraînement. Nous avons tout gagné : le Grand Prix de Brest, le Trophée des multicoques, plus une transat en double, la course Rouen-New York.

Avant le départ de Normandie, j'ai pourtant dû laisser Éric tout seul à cause de quelques pépins qui m'ont obligé à repartir travailler tandis qu'il en terminait avec les derniers aménagements de son bateau.

Je ne suis revenu que la veille du départ. Juste avant celui-ci, nous avons reçu la visite de mon frère. Il est monté à bord, a discuté un peu avec nous, puis, avant de quitter le bord, m'a dit : « Prends garde à toi, c'est un catamaran ! Ce sont des bateaux dangereux qui peuvent chavirer.

– OK, je ferai attention. »

Les propos d'un aîné ont une valeur décuplée, et j'en ai évidemment pris bonne note. C'était également signe qu'il m'aimait bien et qu'il ne voulait pas me perdre.

Le départ eut lieu sous les meilleurs auspices. À bord, les rôles étaient bien définis : au jeune Loizeau la navigation, au jeune Tabarly la maintenance du matériel. Nous sommes donc partis sans nous retourner, en filant à des vitesses faramineuses pour l'époque, avec des pointes à plus de vingt-huit nœuds. Du bonheur et des embruns sous un vent de sud bien soutenu. Mais, alors que je bordais la grand-voile, une latte cassa soudain. Un problème que nous n'avions pas rencontré jusqu'alors...

Éric m'avoua que, pendant mon absence, il avait demandé à la voilerie d'ajouter des protections en Téflon pour que la voile ne s'abîme pas en frottant contre les haubans. Pour les fixer, il avait donc dû percer les lattes.

À peine m'explique-t-il la situation que, quelques minutes plus tard, une deuxième latte explose... L'enchaînement des désagréments n'est jamais très rassurant. Que faire ? Éric veut s'arrêter à Cherbourg, rien de plus tentant. Mais ce n'est pas mon genre. J'estime que nous pouvons, que nous devons nous débrouiller seuls. Je lui signifie mon désaccord et me fais plus convaincant que jamais. Mon comparse a la courtoisie de m'écouter, de me faire confiance... Je n'ai pas besoin de défendre ma cause et je trouve cela fort agréable. Nous continuons notre route.

La traversée fut plutôt épique. Quoique classique pour des marins en quête de victoire. Un gros coup de vent d'abord, en pleine nuit. Tellement violent que je réveille Éric : « Nous sommes trop toilés, il faut amener la grand-voile. »

Nous repartons, une fois le coup de vent passé. Renvoyons de la toile, comme d'habitude, mais le bateau s'emballe soudain, pris de folie. Ses mouvements deviennent déments. La nacelle commence à se désolidariser des bras de liaison, l'eau s'infiltre par chaque faille, même infime, qui lui en laisse l'opportunité.

Nous improvisons un rafistolage maison. En utilisant deux winches, un bout pour ligoter la nacelle avec ses deux bras de fixation, pour la rigidifier, limiter les déformations et éviter de perdre notre seul lieu de vie.

Nous parvenons à rétablir la situation et à repartir sur des bases plus rassurantes quant à notre avenir proche...

Ensuite, il nous a fallu gérer à nouveau le problème des lattes. Nous en avions de rechange, entreposées sur la poutre avant. Mais avec la violence des vagues, elles s'étaient brisées.

Merde !

D'autant plus que celles déjà installées commençaient sérieusement à vouloir sortir de leur fourreau. L'une, au niveau de la deuxième barre de flèche, semblait même prête à s'envoler et nous empêchait d'amener la grand-voile. J'ai dû monter l'enlever.

Dire que j'ai dégusté serait un sacré euphémisme. J'en ai bavé comme jamais, j'ai même vomi une fois là-haut... mais je suis parvenu à la récupérer, puis à la redescendre sur le pont. Il ne nous restait désormais que deux lattes intactes, dont la première, en tête de mât, et celle juste au-dessus de la bôme. Pour maintenir la rigidité et la bonne tenue de la voile, j'avais connu mieux.

Comme j'avais préparé avant le départ une caisse à outils avec des boulons de toutes tailles et des écrous de tous calibres, nous avons alors décidé d'amener la grand-voile. Une fois celle-ci sur le pont, nous avons poussé les lattes au fond de leur étui, puis, avec la perceuse électrique branchée sur le groupe électrogène, j'ai traversé la latte et le tissu. Une vis et un écrou, plus rien ne bougerait. Même lorsqu'une vague s'est déversée à la fois sur la main et la perceuse, et que j'ai senti une châtaigne venue de nulle part se diffuser dans tout mon corps. J'étais satisfait de mon montage. Dans le tout petit temps, néanmoins, la voile prenait une forme étrange.

Sinon ? Une jolie trajectoire, une bonne navigation. Nous sommes montés vers le nord, puis redescendus le long de la Nouvelle-Écosse jusqu'à New York.

D'abord le pont Verrazano, puis la statue de la Liberté que l'on aperçoit au loin et qui symbolise la ligne d'arrivée, et les *coast guards* qui approchent.

À grand bruit. Soudain, des projecteurs braqués car il fait nuit.

Sans doute, dans des vociférations que nous ne comprenons pas, nous intiment-ils d'amener les voiles

« Éric, s'il te plaît, essaie de joindre le comité de course au téléphone. »

De mon côté, avec une lenteur consommée, j'enroule le génois, alors que nous sommes encore en course, puis je choque doucement l'écoute de grand-voile.

« *No speak english, no speak english* », je crie comme pour m'excuser. Ils me mettent en joue, puis lancent l'assaut. Je n'en mène pas large lorsqu'ils prennent pied à bord. Entre émotion non feinte et peur contenue tant bien que mal.

Ils inspectent le bateau, s'aperçoivent de son état.

« C'est là où vous vivez ?

– Oui. »

Quelques membres du comité de course arrivent à bord d'un gros pneumatique, ils se confondent en excuses devant les représentants de l'ordre. Et pour cause : ils avaient omis de les prévenir de l'arrivée de cette course. La fatigue était extrême, à peine allégée peut-être par cette forme de fierté qui ravaude le moral des vainqueurs. À l'arrivée, tout le monde a halluciné en regardant mes mains.

Grêlées, crevassées, gonflées. Les derniers jours, c'était tout juste si j'arrivais à enfiler mon ciré et à les faire passer dans les manches.

Pas le temps de me plaindre. Je rentre par avion et me remets au boulot dans mon magasin.

« Faudra que tu remettes la barre à sa place quand tu auras fini, m'avait dit mon frère.

– Ne t'inquiète pas ! »

Après le retrait du fabricant de boissons anisées, Éric avait dû trouver un nouveau partenaire. En 1986, il se liera avec Côte d'Or, un célèbre chocolatier belge. Avec eux, il construira un monocoque, le I, et un multicoque, le II, en utilisant la coque centrale du défunt *Paul Ricard*. Mieux conçu que ses prédécesseurs, notamment grâce à cette coque qu'il fera rallonger, Éric me confiera souvent la charge du *Côte d'Or* deuxième du nom.

Une mission que j'ai toujours acceptée avec enthousiasme. Pourtant, je trouvais dommage que l'on fasse courir deux bateaux en même temps, surtout pour des courses importantes. J'ai toujours pensé qu'il aurait été préférable de mettre le paquet sur l'un plutôt que de tergiverser entre les deux.

Lorsqu'il en ressentait le besoin, mon frère sautait d'un bateau à l'autre, comme lors de cette année 1986 où il voulut disputer la troisième Route du Rhum avec son grand multicoque reconfiguré.

Mis à l'eau en septembre, *Côte d'Or II* s'élance en novembre de Saint-Malo en direction de Pointe-à-Pitre. Chavirages, démâtages et abandons se succèdent lors de cette course aux allures de massacre, jusqu'à Florence Arthaud qui se déroute pour porter assistance à Loïc Caradec sur son *Royale* dont on est sans nouvelles. Elle retrouvera le grand multicoque retourné. Vide.

Éric, lui, n'ira pas très loin. Très vite, il voit se rompre l'avant du flotteur bâbord de son nouveau multicoque et lance un appel de détresse. Par chance, *Pen Duick VI*, en partance pour les Antilles, navigue à proximité et récupère mon frère.

Personnellement je me charge du bateau en perdition. Ne pas perdre de temps, s'activer. Trouver un remorqueur disponible, même s'il est plus de rade que de haute mer… l'essentiel est d'aller vite. Avec Alain Avelange et Patrick Maurel, équipiers aussi fidèles que moi, nous faisons route pour tenter de récupérer le multicoque qui dérive comme un pantin ivre. Heureusement, le remorqueur tient la vague mais avance à son rythme dans une grosse mer. La nuit tombe, le commandant décide d'aller dormir et me laisse en guise de commande un joystick digne d'un jeu vidéo. Pas de barre sur ce navire, parce que c'est l'hélice qui tourne sur 360 degrés. Ce qui explique pourquoi une manette suffit amplement à l'affaire.

Pendant mon quart de nuit, les alarmes se mettent soudain à sonner. Le navire ne conserve pas son assiette et semble piquer du nez après chaque passage de vague. Je réveille le commandant. Nous nous rendons à l'avant pour constater que le puits de chaîne est rempli d'eau jusqu'au pont, et que l'interrupteur de la pompe est lui aussi sous l'eau. Tant bien que mal, nous parvenons à vider le puits de son contenu liquide.

« Je ne peux pas continuer, me chante le seul maître à bord après Dieu.

– Mais commandant, quand même, nous avons déjà fait la moitié de la route ! »

Je parviens à le convaincre, en promettant de suivre l'évolution de la fuite, en l'étanchant avec des chiffons et en allant vérifier régulièrement que l'eau ne noie pas le puits de chaîne.

Lorsque nous arrivons enfin sur zone, le vent forcit à nouveau et l'état de la mer se dégrade plus encore. Impossible de se mettre à couple avec le bateau qui bouge dans tous les sens. Même en se rapprochant le plus possible, la distance paraît grande, et se jeter du haut d'un remorqueur ne va pas de soi. Nos combinaisons de survie enfilées, Alain se lance le premier à l'eau, avec un bout autour de la taille. Patrick Maurel et moi le suivons.

Une fois à bord de *Côte d'Or*, au moyen de quelques poulies et quelques cordages, nous établissons un va-et-vient avec le remorqueur et amenons progressivement nos affaires à bord.

Nous faisons place nette sur le pont et dans la mâture, nous remettons en marche le groupe électrogène – évidemment, *Côte d'Or II* n'a pas de moteur – pour recharger les batteries, nous répartissons les masses, remettons l'électronique en marche, puis, par vent de travers et sous tourmentin seul, nous tentons de faire route retour.

À une belle allure, semble-t-il : « Pouvez-vous aller moins vite ? », éructe le commandant du remorqueur lorsqu'il nous contacte par radio.

Jusqu'à Sein, c'est parfait ; ensuite, c'est une tout autre histoire. Au bon plein sur le mauvais bord, nous sommes obligés de charger le flotteur au vent pour éviter le chavirage. Jusqu'à Brest et son port du Moulin-Blanc.

Plus tard, Éric me dira que je n'aurais jamais dû aller rechercher *Côte d'Or II*…

Comment une succession de casses, d'abandons, de désagréments et de lancinantes plaies morales peut-elle miner un homme ? Je n'ose l'imaginer mais je comprends que mon frère ait pu être laminé par cette accumulation de déboires. Lui, l'insubmersible, le mythe flottant, l'instinct fait homme, se retrouve presque systématiquement à devoir faire appel à des aides extérieures. Il ne le supporte guère : à ses yeux, un marin digne de ce nom se débrouille seul, trouve les solutions, n'ennuie personne et revient au port sans en rajouter.

Chaque fois, s'ils ne font pas forcément la une de toutes les gazettes, ses abandons et autres rêves brisés jettent une ombre sur son image.

Il le sait et en souffre, fatalement, et s'il peine à reconnaître qu'il est dépassé par des navires dont il a certes accéléré la conception mais que, finalement, il ne maîtrise pas totalement, il n'est pas du genre à exhiber ses faiblesses. Comme s'il avait eu du mal à passer de cette voile à l'ancienne, physique, bien sûr, mais aussi ardemment classique, à une forme de pilotage de haute vitesse et de haute technologie encore balbutiante…

Après réparation, et tandis qu'Éric s'occupait du monocoque *Côte d'Or I*, j'ai continué à gérer le grand multicoque. J'ai disputé quelques Grands Prix qui voyaient s'opposer les bateaux géants, à Brest puis à La Trinité. Pour bien figurer dans ces courses, j'avais demandé et obtenu un petit budget pour faire quelques modifications sur le bateau…

J'avais notamment fait déplacer la barre un peu plus à l'arrière sur le pont plutôt que dans le cockpit où elle gênait lors des manœuvres. Je trouvais qu'on se marchait un peu dessus.

« Faudra que tu remettes la barre à sa place quand tu auras fini, m'a dit Éric quand je lui ai montré mes menus changements.

– Ne t'inquiète pas. »

Au bout du compte, il a trouvé que l'idée était bonne, on était moins confortable peut-être, mais c'était plus logique. Et il a laissé la barre là où je l'avais déplacée.

Un peu désemparé à l'issue du chavirage, Éric ne me demanda qu'une seule chose : sauver le duvet qu'il tenait de notre père.

Nous avons testé le nouveau mât de *Côte d'Or II* sur la course de l'Europe, une épreuve à étapes et en équipage où nous avons terminé cinquièmes. Puis, enhardis, nous avons décidé de nous aligner ensemble sur La Baule-Dakar, en 1987, course disputée à deux et où la plupart des gros multicoques de l'époque s'étaient donné rendez-vous. Encore une fois, rien n'allait se dérouler comme nous l'espérions.

Cela a commencé par un arrêt forcé à La Corogne pour changer le groupe électrogène et les lattes de grand-voile, mais nous sommes repartis rapidement. Puis, alors que nous venions de passer

Madère en troisième position, juste derrière Bruno Peyron et son *Ericsson*, tandis que son frère Loïck menait la danse avec son *Lada Poch II*, nous avons subi une sorte d'apocalypse.

Mon quart terminé, je suis resté sur le pont avec Éric pour préparer le passage de la marque de parcours à virer et le spi à renvoyer. Une fois tout ceci sous contrôle, mon frère me dit : « Ce n'est plus mon quart, je vais aller dormir deux heures. » Il a conservé ce côté militaire toute sa vie. Peu lui importait que j'aie assuré deux quarts d'affilée, le sien était terminé, il pouvait aller se coucher. Quand il est remonté sur le pont, plus frais que moi, nous n'étions pas assez toilé, il a fallu mettre le spi de tête. Finalement, toutes ces manœuvres accomplies, j'ai pu retrouver ma bannette.

Et puis... cinq minutes à peine après m'être couché, deux bons coups de gîte, si forts que j'ai dû me cramponner pour ne pas tomber sur le plancher. Le troisième fut le bon : le bateau chavirait, j'ai été balancé hors de ma couchette. Pas besoin d'explications, j'avais compris. Le temps que *Côte d'Or II* se retourne complètement, j'ai eu le temps d'apercevoir Éric suspendu à la barre, ses pieds se balançant dans le vide.

Le bateau s'est retrouvé sur le toit, j'étais dans le cockpit, sous le trampoline. Pour m'en sortir, je n'avais qu'une solution : nager sous l'eau...

Peut-être trois ou quatre brasses. Je me souviendrai longtemps de cette sensation poreuse entre une vie que l'on ne veut pas lâcher et une noyade que l'on peut raisonnablement craindre. Surtout ne pas paniquer. Je commence à nager et j'ai l'impression de ne pas avancer. Que faire ? Continuer ou faire demi-tour ? Je choisis de continuer. J'ai finalement passé le trampoline avant d'émerger et de respirer à nouveau. Éric se tenait sur la coque centrale, près du safran. « Je suis content de te voir. » Je crois qu'il avait eu un peu peur pour son petit frère.

Je suis monté sur la coque, puis j'ai ouvert la trappe de survie pour y prendre la balise de détresse que j'ai apportée à Éric. Il l'a déclenchée. Sur la coque, il me semblait paumé, comme si, dans son esprit, quelque chose s'était déconnecté, comme s'il n'assimilait pas ce que je faisais. C'est à ce moment-là que j'ai compris ce qui troublait tant Éric. Pour lui, il était impossible qu'un trimaran chavire. Contrairement à un catamaran... À ses yeux, trois coques valaient toujours mieux que deux.

Je n'avais pas le temps de tergiverser, les naufrages obligent à prendre des décisions et à agir.

« Que veux-tu sauver, Éric ?

– Mon duvet. »

Un vieux duvet en plumes qui avait appartenu à notre père.

J'ai pénétré à nouveau dans la cabine, via la trappe de survie qui permet d'entrer et de sortir d'un navire même retourné. Une vague l'a rabattue sur mes doigts… Aïe ! J'ai trouvé le duvet et l'ai mis de côté, et j'ai aussi pris ses papiers, et regroupé la nourriture qui pourrait nous être utile.

Alors que j'étais toujours à l'intérieur, Éric a frappé à grands coups sur la coque. Un avion nous survolait, il fallait montrer que nous étions tous les deux vivants. L'avion est reparti. J'ai essayé de dormir dans les sacs à voile à l'avant, mais je n'y suis pas parvenu, les vagues qui arrivaient de l'arrière provoquaient une telle compression d'air à l'intérieur de la soute que mes tympans battaient douloureusement la chamade.

Après une dizaine d'heures d'attente, un navire de la marine portugaise est venu nous récupérer. Nous étions plus près de Madère que des Canaries. J'ai passé à Éric son sac avec son duvet, ainsi que sa sacoche que j'avais préparée tant bien que mal. J'avais fait de même pour moi, un gros sac plus un sac à dos.

Nous avons abandonné le navire. Les meurtrissures du bateau n'ont pas empêché un pêcheur de le ramener à Madère…

Je ne sais pas si Éric a jamais su que nous étions surnommés au choix « les frères Tapdur » ou « Roc et Gravillons ».

Si j'aimais naviguer sur les multicoques, si je savourais, malgré les échecs, la vitesse de ces engins, la puissance qu'ils dégageaient, et si j'ai toujours considéré que me retrouver à la barre de certains des plus beaux bateaux de l'époque était une chance inouïe, je n'ai jamais été convaincu qu'Éric partageait les mêmes sensations.

J'ai fini par me persuader qu'il n'aimait pas les multicoques. Avec *Paul Ricard*, il n'a pas eu les résultats escomptés, quant à *Côte d'Or II*, je pense qu'il ne l'a jamais apprécié. Parfois je me demande si le nom même de ces bateaux ne rajoutait pas une couche à son désintérêt et son manque de sentiments profonds pour ce type de voiliers.

A contrario, le nom de son premier multicoque, *Pen Duick IV*, était cher à Éric. De plus, il a beaucoup navigué à son bord, il y a pris du plaisir, même si ce fut souvent en croisière. S'il a dû s'en séparer, la mort dans l'âme, c'est en grande partie à cause d'une mauvaise gestion ou de mauvais conseils : la vente de *Pen Duick IV* lui a permis de payer quelques arriérés fiscaux !

Et puis, dernier élément qui peut expliquer son désamour pour les coques qui vont par deux ou par trois, la victoire d'Alain Colas dans la Transat 1972 à la barre de ce même *Pen Duick IV* l'a probablement plus traumatisé qu'il n'a jamais voulu le reconnaître.

Pour les autres, les trois versions de *Paul Ricard* ou *Côte d'Or II*, c'est comme si son légendaire côté pionnier, innovateur, avait été remis en cause par la succession des déconvenues et l'absence de résultats probants.

Mon frère était à la fois un tenant de l'ancienne école et, peut-être dans un enchaînement de circonstances qu'il ne maîtrisait pas toujours, le grenadier voltigeur d'une voile trop moderne pour lui. L'utilisation des ordinateurs, par exemple, et le recours aux calculs que cette science naissante qu'était l'informatique prodiguait aux marins, il n'y croyait guère... Quelles que soient les conclusions, ou les indications données par les machines, il ne faisait confiance qu'à son propre jugement.

À la demande de l'architecte Xavier Joubert, j'ai effectué une campagne de tests du côté de Brest avant la deuxième saison de *Côte d'Or II*. Il paraissait intéressant de quantifier les efforts que subissaient une écoute de grand-voile, une drisse, un hauban ou un bras de liaison, pour en mesurer les effets sur la marche du bateau. Des jauges de contrainte reliées à des ordinateurs avaient été installées pour analyser les déformations et les tensions des équipements, les vitesses atteintes et les caps suivis. Les tests ont duré trois jours, en partant vent debout, puis en nous éloignant du lit du vent par tranches de dix degrés. Les données recueillies nous ont permis de constater que s'exerçaient à bord des efforts que nous n'aurions jamais pu imaginer.

Mon frère prenait tout cela avec des pincettes : si un ordinateur prétendait que, dans telle force de vent, il ne fallait pas trop tirer sur la machine parce qu'on risquait de tout casser, Éric n'en avait cure. Pour lui, par exemple, lorsqu'on naviguait vent de travers, l'allure préférée des marins et des grands multicoques, on n'abîmait rien. Faux, bien entendu, mais qui est plus sourd que celui qui ne veut pas entendre... ? Alors, lever le pied ? Certainement pas. Si, d'aventure, le bateau cassait, un « Ah, ces cons d'architectes ! » ou sa variante « Ah, ces cons d'ingénieurs, ils se sont encore trompés dans leurs calculs ! » venait contester l'apport technologique et le crédit que d'autres que lui lui reconnaissaient. Les équipiers, eux, restaient interloqués.

Ses réactions pouvaient également laisser transparaître à la fois la nostalgie des temps anciens et l'incompréhension du monde dans lequel il évoluait désormais. Ainsi je me souviens d'un « Ah, si on ne peut même plus naviguer comme je l'entends ! » jeté après de nouveaux ennuis et qui en disait long sur sa capacité à jouer les cabochards.

Qu'une poutre se fende ou qu'un bras de liaison cède, c'était un défaut de structure, jamais une faute de navigation… Et personne n'osait contredire mon frère. Ainsi sont les mythes vivants : ils ne font jamais d'erreurs. Ou alors ils les passent sous silence.

Éric avait tant de certitudes bien ancrées. C'est bien, les certitudes, quand ça marche, mais je ne sais pas s'il a jamais su que, à cause de nos abandons et autres déboires, nous étions surnommés au choix « les frères Tapdur » ou « Roc et Gravillons ». Cela m'amusait. Je ne suis pas certain qu'il aurait apprécié.

En tout cas, il ne m'a pas accompagné à Madère pour découvrir le sort réservé à *Côte d'Or II*. Ce n'était déjà plus notre bateau : j'y étais retourné pour l'expertise, avec un responsable de l'assurance et un autre de l'entreprise chocolatière. Selon le coût de la remise en état, l'armateur rachetait. Ou pas.

Cette fois le coût était trop élevé…

4

Commander

Qui, dans la famille Tabarly, a remporté la Whitbread ? Je crois que c'est moi... Ne pas gagner ce tour du monde par étapes et en équipage a été, en revanche, l'un des grands regrets d'Éric.

Après un intermède durant lequel j'avais accepté avec plaisir une place d'équipier sur *Poulain*, le multicoque d'Olivier de Kersauson, un nouveau coup de téléphone inattendu allait bouleverser ma vie. Le mois de juin 1989 déroulait ses douces chaleurs et ses espoirs de navigations estivales quand un certain Gérard Henry, que je ne connaissais pas, prit contact avec moi. Il travaillait avec Patrick Dubourg, à la fois communicant et armateur. Son nom me parlait plus, je savais qu'il avait déjà trouvé des financements lors des précédentes

Whitbread. Mon interlocuteur, après s'être présenté, m'a demandé si je voulais participer à la prochaine édition. Les bons souvenirs qu'il m'en restait, et même si je n'avais disputé qu'une étape avec Éric et son *Pen Duick VI*, sont revenus rapidement à ma mémoire. Je lui ai demandé quand même quelques heures de réflexion.

J'en ai parlé d'abord à mon épouse qui, immédiatement, m'a conseillé d'accepter. C'était suffisant pour mettre un surcroît de motivation à mes velléités de départ ; j'ai peu évoqué en revanche mon projet avec Éric. Sans doute parce que, dans ma tête, la décision était prise. Ne me restait qu'à prévenir les enfants que papa allait être absent pendant huit mois. Un tour du monde. Avec escales et équipage… Que pouvais-je rêver de mieux ?

J'ai rappelé mon contact parisien et lui ai donné mon accord. Il m'a dit qu'il disposait déjà d'un bateau et qu'il ne me resterait, en gros, qu'à recruter mes hommes.

Le bateau ? C'était *L'Esprit d'équipe*, qui avait gagné l'épreuve quatre ans plus tôt sous les ordres de Lionel Péan. Péan l'avait emporté sur un « petit » bateau, victorieux en temps compensé. Pour l'édition 1989-1990, le règlement avait été modifié, sans doute parce que les organisateurs voulaient favoriser les gros bateaux, et la course était devenue *open*. Seule la victoire dans ma classe, la « D », demeurait dès lors accessible.

Les équipiers ? C'était à moi de les trouver afin de constituer le meilleur groupe possible. Il me fallait faire vite et j'ai sollicité mes différents réseaux. Les coups de téléphone se sont enchaînés, les rencontres et les surprises également. Il me fallait huit ou neuf hommes, moi inclus. J'allais les trouver les uns après les autres.

Laurent Brégeon et son père Robert, d'abord, qui m'ont mis en contact avec Benoît Hébert, João Cabezada, ensuite, un Portugais avec qui j'avais déjà navigué, et puis Jean Le Huerou-Kerisel, Thierry Rodriguez, aussi bon marin que les autres, Yves Le Bouvier, sacré mécano et électricien en chef. En revanche, niveau navigation, il était assez moyen, gentil certes, mais ne barrant pas très bien – je resterai à proximité lorsque je lui confierai le maniement de notre voilier. Tous feront le tour du monde en entier, sauf Benoît Hébert qui nous quittera après la première étape.

Chacun aurait un rôle assez précis à bord, c'est ma façon de naviguer et je n'y ai jamais dérogé. J'aime que les choses soient claires et que chaque équipier soit responsabilisé. Alors, Laurent, le fils, barreur habile et fin régleur, serait aussi chargé de l'avitaillement ; son père, plus âgé, bon marin, s'occuperait de la communication à terre

– et se montrerait un peu trop protecteur envers son rejeton : un jour que j'avais envoyé Laurent faire une manœuvre à l'avant, il avait semblé me le reprocher : « Mais, c'est mon fils quand même. – OK, mais arrête de lui dire que c'est dangereux. »

Thierry Rodriguez serait chargé du matelotage et, en tant que « singe », de monter en tête de mât. Jean Le Huerou-Kerisel, qui avait des talents de maître voilier, gérerait l'entretien et la réparation des voiles tout en jouant le rôle de l'équipier numéro un, celui qui se rend à l'avant lors des virements de bord...

João serait à mes côtés et remplirait parfaitement le rôle de l'homme qui sait tout faire, les transmissions, la navigation. Il parlait trois langues : le portugais, le français et l'anglais, toujours utiles à maîtriser lorsque l'on navigue sur tous les océans.

Quand je les rencontrais, deux choses suffisaient pour prendre ma décision : je leur serrais la main et je les regardais dans les yeux. À celui qui m'expliqua : « Je voudrais juste aller en Australie retrouver une amie », je répondis : « Ça ne m'intéresse pas. » À celui qui, une fois le bateau prêt et mis à l'eau, promit de nous rejoindre avec son sac pour le convoyage vers l'Angleterre, et arriva sans son paquetage, je le rembarrai d'un : « Reste à terre ! »

Je ne voulais pas de dilettantes ni de touristes, de petits bras ou de fumistes. Ce que je cherchais, c'était l'homogénéité d'un groupe, des camarades et l'ambiance qui va avec, le tout emmené par un « patron », comme ils m'appelèrent tous avec un demi-sourire de connivence.

Cette jolie bande et moi avons travaillé d'arrache-pied pour que le bateau soit prêt, excepté Joao qui devait retourner au pays effectuer son service militaire. Il fallait trouver une solution et il a décidé de se faire opérer de l'appendicite pour être dispensé de ses obligations... Je le récupérerai, sa cicatrice pas encore complètement refermée, alors que les médecins lui avaient interdit de faire le moindre effort.

L'équipage une fois au complet, nous avons baptisé notre fier esquif au Havre, puis nous sommes partis pour Southampton, port de départ de notre circumnavigation sportive. L'ancien *Esprit d'équipe* de Péan était devenu *Esprit de liberté*. Joli nom, joli programme, joli slogan. Mais pas grand monde derrière pour payer les factures. En attendant, j'avançais l'argent sans rien voir venir en retour. Personne à Southampton, hormis les représentants de nos petits sponsors, les bottes Le Chameau ou les vêtements Musto. Pas plus de jeu de voiles, pourtant commandé : nous ne les reçûmes que quelques jours avant le départ de la première étape – et les avons prises sans les avoir essayées. Nous sommes donc partis en laissant derrière nous non seulement des proches un peu inquiets, des comptes en banque flirtant avec le zéro, mais aussi nos passeports : la deuxième étape devant nous conduire en Australie, Marc Bourdon, le représentant de Patrick Dubourg, était chargé de nous obtenir les visas nécessaires et de nous rapporter les précieux sésames à Punta del Este en Uruguay, terme de la première manche.

Nous avons tout de suite été dans le coup, bien placés, même si nous avions du mal à soutenir la comparaison avec les Maxi de Peter Blake (*Steinlager 2*), de Grant Dalton (*Fisher & Paykel*) ou de Pierre Fehlmann (*Merit*). *Steinlager 2* mesurait 26 mètres, *Esprit de liberté* environ 18 ! Notre combat se limita à une lutte plus ou moins fratricide avec d'autres solides postulants à la victoire dans notre classe.

Le refrain est connu : les meilleurs marins n'ont pas toujours les meilleurs outils, ou les matelots sont toujours les plus mal lotis, comme le prouvent les voiles qui s'effilochaient. Des voiles neuves, je le rappelle. Il fallait y prêter une attention de tous les instants et veiller à ce que les lambeaux de tissu ne s'enroulent pas autour des haubans ni dans les filières au moment des virements de bord.

Assurément un défaut de fabrication… Néanmoins, victorieux à Punta del Este, nous nous emparons de la tête de notre classe. C'est à nouveau le grand désert sur le ponton d'accueil : aucun représentant de notre partenaire principal à l'arrivée, ni Patrick Dubourg qui n'aimait pas l'avion, ni Marc Bourdon qui, soi-disant, n'avait pas pu se libérer.

Légèrement en colère, j'appelle Paris pour avoir des nouvelles de mes nouveaux amis, ainsi que de nos passeports car, là encore, rien. La situation se complique, il faut que la diplomatie s'en mêle. Je rencontre l'ambassadeur de France, je lui explique la situation. N'ayant aucune pièce d'identité, il me délivre un laissez-passer, sauf-conduit nécessaire pour revenir au pays. De retour à Paris par le premier avion, je fais le siège du bureau de notre sponsor principal pendant cinq ou six jours. Dans les locaux, personne, si ce n'est une secrétaire, charmante au demeurant, mais incapable de me répondre. Heureusement qu'un soir, en prenant le métro, je croise Marc… Je l'ai un peu secoué, en lui intimant de dire à son patron qu'il se moquait du monde et qu'il fallait organiser une réunion au plus vite, j'avais quand même sept équipiers sous ma responsabilité en Uruguay !

Tout s'est finalement décanté, j'ai récupéré les passeports, nous nous sommes mis d'accord sur un petit budget à ne jamais dépasser, l'équivalent pour l'ensemble de la course de ce que les concurrents fortunés dépensaient pour une seule étape.

Cela me permit néanmoins, avant de repartir pour l'Uruguay, d'appeler l'équipage pour leur dire de faire réparer les voiles dans les conditions financières susmentionnées. Ils se sont débrouillés comme ils ont pu.

J'ai débarqué deux jours avant le départ au milieu d'une petite zizanie : l'un des marins refusait de continuer. Il nous laissait en plan. Le sous-effectif devenait fâcheusement handicapant, surtout pour une manche longue et délicate comme celle qui nous attendait entre l'Uruguay et l'Australie. Finalement, Frédéric Pichemal nous a rejoints, mais il me fallait absolument un marin supplémentaire pour ce parcours long et difficile. Alors on a fait les bistrots, à l'ancienne, pour shangaïer – un terme utilisé dans la marine des siècles passés – notre homme. On a finalement trouvé un volontaire argentin disposé à se joindre à nous. Un navigant, mais pas vraiment un habitué de la compétition. « Vous n'y arriverez jamais avec ce clampin-là », nous affirma un ami, alors que nous nous apprêtions à prendre le départ de la deuxième étape.

Eh bien, si, nous y sommes parvenus ! Comme toujours, avec les impondérables : voile qui explose, tempêtes qui font frémir, bateau qui se couche, spi qui part dans l'eau, bateau qui se redresse, temps perdu, énergie dépensée.

Là encore, un petit problème de logistique vint perturber l'ordonnancement des choses : alors que nous étions en mer, Laurent, notre jeune chargé de la cambuse, s'est rendu compte qu'il manquait une caisse de nourriture lyophilisée. « Il n'y a pas le nombre, nous annonça-t-il, on a dû nous la voler sur le quai avant le départ. » Les restrictions alimentaires furent sévères : Robert perdit huit kilos, les autres un peu moins. Et, une fois débarqués, notre pauvre Laurent qui était affamé s'est vengé en se jetant comme un goinfre sur la moindre assiette qui passait à sa portée. Son estomac n'a pas pu suivre le rythme, il a passé trois jours à l'hôpital.

Avant d'arriver en Australie, nous avons navigué en tête, mais sommes tombés dans une bulle anticyclonique que les bateaux qui nous suivaient pouvaient éviter. L'absence de vent nous encalminait, nous avons terminé seulement quatrièmes de notre classe. Cependant, toujours en tête au général.

Et toujours personne pour nous féliciter, toujours pas d'argent sur mon compte en banque.

Depuis Fremantle, j'ai envoyé les voiles à Sydney pour les faire réparer. Quatre ou cinq jours de voyage, en camion...

Enfin, un virement est tombé mais, cette fois, c'est la banque locale qui a fait des siennes, et a refusé de me donner l'équivalent en liquide, car, soi-disant, ils n'avaient que de petites coupures. J'ai fait le siège du guichet, la banque a cédé, je suis reparti avec mon sac à dos bourré de billets.

On s'en sortait quand même. Une sorte de système D bien rodé désormais. Ainsi, pour nous loger, Robert Brégeon avait trouvé la solution : « Demandons à l'Alliance française »... Deux par deux, mes équipiers ont ainsi été recueillis par des familles hospitalières et généreuses ; j'avais le privilège, en tant que « patron », d'être seul. Mon logement était assuré et en contrepartie nous organisions de petites réunions pour faire partager à nos hôtes nos aventures en mer. Ils étaient très contents.

Si ce n'est que, à côté, rien n'avançait. Sans nouvelles de nos voiles, j'ai appelé Sydney. « On vous les renvoie, c'est bon. » Nous les avons reçues quelques jours plus tard. Ils ne les avaient pas réparées. J'ai rappelé, encore et encore.

« Vos voiles sont foutues, vous n'avez qu'à prendre votre deuxième jeu.

– Je n'ai pas de deuxième jeu... Je n'ai que de vieilles voiles ! »

En désespoir de cause, nous avons sorti la machine à coudre, l'avons installée sur le pré du yacht club de Fremantle, et avons fait ce que nous avons pu pour résoudre notre problème.

Les étapes se succédèrent, avec leurs temps forts, leurs moments délicats et les anecdotes qui restent gravées de manière indélébile. En terminant deuxièmes de l'étape Fremantle-Auckland nous avons perdu notre place de leader. La déception fut ravalée grâce à un nouveau virement et à un geste commercial de la voilerie locale, ces deux événements concomitants nous permettant d'acheter une grand-voile, un génois et un spi. Des voiles neuves qui nous permettront de gagner l'étape suivante entre la Nouvelle-Zélande et l'Uruguay. Une manche épuisante et laborieuse : si l'Indien fatigue, le Pacifique ne vous laisse jamais en repos, ce sont là deux océans qui obligent à descendre bas pour raccourcir la route. Il fait froid, on craint la rencontre inopportune avec les glaçons, icebergs ou growlers, sans parler des pieds qui restent gelés pendant des semaines... Au moins jusqu'au passage du cap Horn et le retour dans l'Atlantique sud.

Le Horn ! Éric l'avait doublé une première fois en 1974. Seize ans plus tard, c'était enfin mon tour : je contournai ce cap légendaire et maudit par les marins de naguère.

Le Horn donc, son rocher si noir, ses mers si rudes, ses mythes et sa tradition à respecter. Celle de la boucle d'oreille. À bord, ils sont trois à me demander de les soumettre à cet étrange rituel. Dans une mer presque démontée, je remplis ma tâche du mieux que je peux. Piquer l'oreille avec une aiguille de seringue, passer le petit anneau, charcuter un peu pour trouver la sortie, voir le sang couler en filet, avoir quelques haut-le-cœur.

Je ne suis pas chirurgien, bon sang !

Et ne pas oublier de féliciter le nouveau cap-hornier.

Pour le reste, une fois l'opération terminée, nous faisons de judicieux choix de navigation, comme de passer à l'intérieur des Malouines quand les autres concurrents en font le tour... Ce qui nous permet d'établir un joli temps de référence.

Même si, *o tempora, o mores*, un petit scandale gâcha légèrement l'ambiance à bord. Des tablettes de chocolat avaient disparu. Cela n'a l'air de rien, mais une exaction, si petite soit-elle – du chocolat ! –, dans un espace clos peut rapidement dégénérer. « Je ne peux plus naviguer avec des voleurs, je veux qu'on me débarque... » Je découvre une autre facette de mon João et la rancœur à la portugaise. Lors d'un changement de quart, je convoque l'équipage :

« Certains d'entre vous ont dérobé du chocolat, je ne chercherai pas à savoir qui sont les coupables, mais j'espère que cela ne se reproduira plus, OK ? »

« Ça allait ? ai-je demandé à João.

– Oui patron, c'est bon. »

Lors de l'avant-dernière étape entre Punta del Este-Fort Lauderdale, nous fûmes à notre avantage, jamais très loin des Maxi de la classe supérieure, mais sans connaître le plaisir de les battre. Ce n'était pourtant pas faute d'essayer. Une agréable guéguerre avait lieu à bord et la compétition entre les différents quarts pour être celui qui irait le plus vite battait son plein. J'avais avec moi des gars qui en voulaient. Il me fallait juste les surveiller, et les modérer parfois.

Sous spi, par exemple, je devais refréner les ardeurs :

« Les gars, faites attention !

– Et c'est toi qui nous demandes ça ? »

Puis arriva la dernière étape qui allait nous ramener sur le Vieux Continent, cap sur l'Angleterre. Nous terminerons deuxièmes de cette manche, mais premiers au général de la classe D, et dix-septièmes en temps compensé, loin derrière *Steinlager 2*, vainqueur chez les Maxi.

Victoire quand même, bonheur, champagne et bain forcé. Une tradition: mes équipiers, une fois au port, m'ont jeté à l'eau…

Gommées les menues difficultés rencontrées pendant la course. Après 32 992 milles, à 8,32 nœuds de moyenne, je resterai marqué à vie par cette expérience hors norme.

Quelques années plus tard, lors de l'édition suivante, Éric y reviendra à son tour, en venant apporter son expérience à bord du Maxi-Yacht, *La Poste*, dont l'équipage menaçait de se mutiner.

Rien n'y fit. Malgré un fort soutien médiatique, malgré l'image toujours porteuse d'espoirs de victoire de mon frère, la course se termina comme elle avait commencé. Mal. Éric en eut bien des regrets.

De mon côté, comment dire ? Ma vie continua, avec ses hauts et ses bas. Quelques mois après notre victoire, j'allais connaître la honte de ma vie. Je m'étais inscrit au grand dîner de l'UNCL, dont je suis membre depuis plus de vingt ans. Il a toujours lieu le deuxième week-end du Salon nautique. Ce dîner de gala clôturait la saison, et des prix étaient remis aux coureurs qui avaient obtenu de bons résultats pendant l'année précédente. Comme on avait gagné la course autour du monde en équipage, je pensais logiquement faire partie des lauréats. J'avais convié au festin le directeur commercial de la maison Le Chameau, partenaire régulier et sympathique, en lui disant qu'on allait me décerner une récompense.

Ils ont appelé tout le monde, les uns après les autres pour les féliciter, mais pas moi...

Ç'aurait pourtant été une jolie façon de remercier mon partenaire. À l'époque, en effet, la marque de bottes nous fournissait du matériel de qualité, certes, mais j'avais essayé de le perfectionner plus encore. Des bottes étanches étaient un fantasme que bien des marins auraient aimé voir devenir réalité... Après avoir mûrement réfléchi, je pensais avoir trouvé le moyen d'y parvenir.

Expliquer mon raisonnement nécessiterait un dessin plutôt que ces quelques phrases. Mais disons que, lors de la Whitbread, nous utilisions du grey-tape, ce large et solide ruban adhésif si prisé des navigateurs, pour maintenir la jambe de notre ciré sur la botte afin d'éviter que l'eau n'y pénètre. C'était assez efficace, mais dangereux : si un homme tombait à la mer, il lui était impossible d'enlever ses bottes.

J'ai alors pensé à découper une manche d'un vieux ciré, que j'ai fixée avec du grey-tape sur la botte – il m'a suffi d'installer un petit filet derrière, et en bas, pour que l'eau puisse s'écouler à son aise. Lorsqu'on l'enfilait, on n'avait qu'à mettre son pantalon classique à l'intérieur de la botte, et son ciré entre la tige et cette manche qui remplissait en quelque sorte le rôle de guêtre. Ainsi, plus de souci, et plus de danger.

J'avais inventé un produit que Le Chameau fabriquait. Nous n'en avons pas vendu des tonnes, mais j'ai bien gagné ma vie grâce au brevet que j'avais déposé. L'entreprise aussi. Et puis la société a été rachetée, le brevet est tombé dans le domaine public, la source financière s'est tarie… Sans doute m'y suis-je mal pris, ou plutôt me suis-je débrouillé comme un manche, car ma botte équipe toujours les coureurs au large.

Mon goût pour l'innovation me conduira, un peu plus tard, à inventer un autre procédé, bien différent mais tout aussi utile. Un système mis sur pied à l'occasion du Trophée Clairefontaine, un rendez-vous annuel qui regroupa, entre les années 1990 et 2013, la crème des skippers français. Yvan Griboval en était le grand ordonnateur et je fus longtemps son bras droit.

Que ce soit à La Trinité, au cap d'Agde ou à La Grande-Motte, les rendez-vous étaient sportifs et joyeux. Nous fournissions à l'élite des skippers de petits catamarans de 8 mètres pour disputer, entre liesse, fête et enjeu sportif, quelques régates au couteau.

Je me souviens en tout cas que, lors d'une édition organisée à Marseille en avril 1994, nous disposions de sept bateaux et d'un mât de rechange au cas où. Lors de la première régate, deux bateaux chavirèrent et brisèrent leurs mâts ; deux autres connurent le même incident au cours de la manche suivante.

Il ne restait donc que trois bateaux valides, un chiffre catastrophique à la fois pour l'organisateur et pour l'assureur. Il fallait trouver une solution. Une fois le Trophée terminé, j'ai donc gardé un bateau pour faire un test. J'avais l'idée, somme toute assez simple, de prendre une baudruche de réservoir à eau, d'environ quarante litres, de la gonfler et de la placer au sommet du mât avant de renverser le multicoque. Simplement pour voir si, lors d'un chavirage, ce système suffisait pour maintenir le bateau à l'horizontale sur l'eau.

Je conçus d'abord une housse en tissu que je confectionnai et cousis avec ma grosse Singer, j'y glissai ma baudruche bien pliée, reliée via un tuyau qui courait dans le mât à une bouteille d'air comprimé, la même que celle utilisée parfois par les plongeurs, type Baby, fixée sous la poutre avant du catamaran. J'installai enfin un bout en patte d'oie qui courait ensuite sur chaque flotteur pour se terminer par une poignée à proximité immédiate du barreur. Il fallait néanmoins être assez rapide pour déclencher le gonflement de la baudruche juste avant que le mât ne touche l'eau. Un geste du barreur, et l'air comprimé libéré remplissait la baudruche. Le bateau ne se retournait plus, le mât ne touchait pas le fond, on ne cassait plus rien.

Fallait-il déposer un brevet ? Je ne sais pas. En tout cas, mon invention enthousiasma les assurances Concorde et l'organisateur.

Mais, comme toujours, une solution à un problème peut parfois en créer de nouveaux : si le bateau se couchait, il fallait réagir très vite car, en cas de vent soutenu, le trampoline sur lequel prenaient place les marins, désormais vertical, faisait alors office de voile. Et le léger catamaran, poussé par le vent, pouvait s'enfuir à une vitesse de trois nœuds voire plus. Lors des régates, il fallait donc rester posté aux endroits stratégiques… Surtout si deux bateaux chaviraient en même temps.

Je me souviens que, un jour, Loïck Peyron, parti essayer le bateau pour le prendre en main, est revenu avec la baudruche gonflée au sommet du mât.

« Quand même, Loïck, tu es con, fallait pas déclencher le truc pour rien !

– Je ne l'ai pas déclenché pour rien, j'ai chaviré ! »

Un navire qui passait par là l'avait aidé à se redresser.

Comme Éric, moi aussi je me suis fait avoir. Jusqu'à devoir faire appel à la justice.

Pour en revenir à la Whitbread, le retour d'après victoire fut un peu plus compliqué que je ne l'ai laissé entendre plus haut. Avant de prendre part à la course, comme j'allais m'absenter huit ou neuf mois, j'avais nommé gérant l'un de mes jeunes employés sur lequel je pensais pouvoir me reposer en toute confiance. Quand je suis revenu de mon tour du monde, j'ai constaté avec stupeur qu'il était parti sans me prévenir et m'avait de plus attaqué aux prud'hommes, sous prétexte qu'il n'y avait plus d'argent en caisse pour qu'il puisse se payer. J'ai pris un avocat, mais c'est quand même en tremblant comme une feuille que je suis arrivé au tribunal, devant mon ancien collaborateur et son père, maire d'un petit village.

Le juge m'a immédiatement pris à partie :

« Dites-moi, monsieur Tabarly, et les salaires de votre employé alors ? »

Mon avocat s'est levé.

« Pardon, monsieur le juge, ce qui nous appelle ici n'est pas de la compétence des prud'hommes mais de celle du tribunal de commerce. »

Il a expliqué la situation.

Pendant mon absence, le jeune homme avait utilisé l'argent de ma société pour faire tourner une SCI qu'il avait mise sur pied...

J'ai très vite été rétabli dans mon bon droit et le père de l'indélicat est venu me présenter ses excuses : « Je ne savais pas que mon fils avait fait cette connerie. » Parce que j'ai ma fierté, j'ai payé toutes les dettes contractées par mon jeune employé.

Je n'ai jamais aimé être redevable.

Il m'a fallu six mois pour m'en remettre, puis j'ai fermé la société, perdant le bénéfice de sept ans de travail.

Mais j'avais remporté la Whitbread.

On ne peut pas tout avoir.

Peut-être ne faisais-je pas que grandir en âge, mais aussi en sagesse...

Néanmoins, je n'étais pas si vieux : 50 ans, à peine.

Une nouvelle fois, on est venu me chercher. Le groupe Auchan voulait participer à la Route du Rhum 1994 et disposait, suite à un accord commercial avec la maison Fuji, de l'ancien *Fujicolor III* de Loïck Peyron. Il n'avait personne pour le faire courir, il était à l'eau, n'avait pas navigué depuis plus d'un an, sale comme un peigne, lichens et algues pendouillant tel une vilaine barbe sur la coque. Mon nom était sorti du chapeau. Avec en prime un accord possible pour disputer le prochain Vendée Globe...

Je n'ai pas demandé vingt-quatre heures de réflexion, cette fois, j'ai dit oui tout de suite.

La course ? Comme toujours. Rénover le monocoque, faire avec lui mes 500 milles de qualification, le rebaptiser *La Vie Auchan*, finir la préparation et me rendre à Saint-Malo, ni vraiment en avance ni tout à fait en retard.

Une bonne navigation au départ, ensuite le fameux théorème du déferlement des ennuis m'a rattrapé. Une grosse dépression, une collision évitée de justesse avec un autre concurrent, que j'ai failli couper en deux en pleine nuit, le bateau qui se remplit d'eau après la rupture d'une sortie de ballast, 2 500 litres d'eau à bord, quarante centimètres de liquide à l'intérieur que j'ai vidé avec un seau car la pompe s'était encrassée.

Essayer de réparer la fuite, s'apercevoir ensuite que l'un des deux safrans ne fonctionnait plus, qu'il se mettait dans tous les sens, voire dans le sens opposé à ce que lui demandait le pilote automatique. Réfléchir, démonter, réparer, remonter, manquer se faire arracher les doigts, perdre du temps, reprendre la route. M'en vouloir parce que m'envahit soudain le sentiment que, passé un certain degré, l'esprit ne répond plus, que la capacité d'analyse subit de sacrées altérations.

Me demander si j'allais abandonner ? Pas dans mes gènes, pas dans mon programme. Je fais une escale forcée aux Açores pour tenter de réparer mon ballast inutilisable qui continue à fuir. Josselin Huet, l'un de mes préparateurs venu m'aider, réussira à colmater la fuite, mais au détriment du « transfert », le tuyau qui sert de vase communicant entre les deux ballasts. Une fois reparti, chaque virement de bord me prendra un temps infini.

Je finirai néanmoins en trombe, excité comme une puce et non sans essayer de remporter le prix du plus rapide entre la bouée de Basse-Terre et l'arrivée. Soit 20 000 francs, ou 3 000 euros d'aujourd'hui.

Je connaissais un peu le coin, j'ai passé la bouée dans le petit temps. Puis le vent, une fois revenu, j'ai tiré un seul bord jusqu'aux Saintes, avant de renvoyer à tribord. Un dernier virement, la ligne d'arrivée à passer, et résultat des courses : j'ai été le plus rapide de tous les bateaux, j'ai gagné les 20 000 francs… et terminé quatrième des monocoques, certes six jours après Laurent Bourgnon vainqueur en multi, mais devancé seulement par quelques grands noms de la voile hauturière et solitaire : Yves Parlier, Alain Gautier et Gerry Roufs.

J'étais content, mes parrains au moins autant.

La Course de l'Europe ? Une épreuve un peu décevante. Mais c'est surtout la dernière fois que j'allais naviguer avec Éric.

L'année suivante, en 1995, Gérard Petipas, le conseiller financier d'Éric devenu également organisateur de courses, se plaint du manque de bateaux inscrits à la Course de l'Europe, une épreuve par étapes (sept entre Venise et Londres) et en équipage, dont c'était la sixième édition. In extremis, il trouve un financement pour mon bateau – qui changera de nom pour l'occasion *Une charte pour la mer* – et me demande de prendre Éric à mes côtés.

Devenir le skipper de mon propre frère ne me gênait pas le moins du monde, et lui eut la courtoisie de rester dans son rôle d'équipier. Rien d'un monde à l'envers, simplement l'acceptation des règles de la vie à bord et la nécessité d'avoir un seul homme aux commandes.

Étapes. Équipage. Air connu : sur les conseils d'Éric, recrutement de marins plus ou moins talentueux pour faire le nombre, casse mécanique, arrêt forcé, erreur de parcours, retour de bamboche le matin même d'une étape, homme encore ivre qui tombe à l'eau, ennuis auxquels s'ajoute un toucher de hauts-fonds. Arrêt, abandon. De toute façon, je n'avais jamais senti cette course. Mais plus jamais je ne naviguerai avec mon frère.

Qui aurait pu s'en douter à ce moment-là ?

Avant de disparaître, je crois qu'Éric aurait aimé que le procès qui nous opposait se termine par un accord. Il en avait sans doute un peu assez.

Je ne suis pas certain que les affaires de famille méritent plus que quelques lignes, mais ne pas en parler serait tout autant fâcheux et je trouverais sans doute quelques mauvais esprits pour me le reprocher. Je ne veux pas non plus salir la réputation de mon frère car je reste persuadé qu'il n'était pas pour grand-chose dans cette triste histoire.

Depuis que j'étais en contrat avec Auchan, le groupe avait décidé de lancer une collection, textile et chaussures, en utilisant mon nom et mon prénom eux-mêmes déposés depuis douze ans...

Rentrer dans les détails serait fastidieux, mais l'idée en tout cas avait fortement déplu à Gérard Petipas, le conseiller financier d'Éric. Car le nom « Tabarly » avait déjà été déposé.

Tout se joua sur l'utilisation de mon prénom.

C'est probablement là que le groupe Auchan se révéla inconséquent. Quelques affiches, quelques tickets de caisse n'étaient pas suffisamment différenciés : mon prénom n'apparaissait pas. Tout comme sur les étiquettes de certaines chaussures, où des coutures parfois mal réalisées mordaient sur le mot « Patrick » et le rendaient illisible.

Cela méritait-il une action en justice ? N'aurait-on pas pu régler ça à l'amiable ? Et pourquoi imaginer à tout prix une mauvaise intention de ma part ? Voire un calcul masqué ?

Je fus en tout cas attaqué, et mon commanditaire aussi, par mon propre frère et surtout par ses représentants légaux.

Car je m'aperçus rapidement qu'Éric, toujours aussi peu au fait de la gestion de ses propres affaires, ne maîtrisait pas grand-chose.

Je l'avais appelé au téléphone pour tenter de le convaincre de laisser tomber.

Il m'avait juré ses grands dieux :

« Tu n'y comprends rien, tu as bien vu que ce n'est pas toi que l'on attaque.

– Éric, as-tu lu l'assignation. ?

– Non. »

C'est à ce moment-là que j'ai compris qu'il n'était pas forcément bien informé...

La vérité, la voilà, crue et d'une objectivité très administrative, comme écrite sur le courrier que je venais de recevoir : « Assignation en référé : Éric Tabarly Pen-Duick SA et la Compagnie du Grand Large contre Patrick Tabarly, Auchan et la Sarl COD. »

Voir apparaître mon propre nom dans cette affaire, c'était comme si, tout d'un coup, on m'accusait de vouloir m'enrichir sur le dos de mon frère. Dans un monde à ce point mercantile, l'un et l'autre étions pourtant tellement loin de cela...

L'affaire se termina devant les juges. Plaidoiries, réquisitoires, appel, cassation. Le temps de quatre longues années qui me minèrent au plus haut point. J'étais en quasi dépression. Moi le marin qui avait subi, et surmonté, tellement de contrariétés sur l'eau, celle-ci me tuait à petit feu.

Le délibéré a été rendu le 3 juillet 1998.

Avant même que le corps d'Éric ne soit repêché.

Le corps de mon frère !

Dans un premier temps, Gérard Petipas fut débouté de sa demande en référé. Il perdra ensuite en appel mais se pourvoira en cassation. Après avoir reconnu ses torts, Auchan sera finalement condamné en 2002, mais moi-même serai définitivement mis hors de cause...

Je respire enfin. Mais avec difficulté. Épuisé, lessivé, autant par la lenteur de la justice que par le poids des reproches que celle-ci semblait vouloir me faire porter. Car jamais, au plus profond de mon être, je n'ai voulu tromper qui que ce soit, ni cacher quoi que ce soit. Et personne ne pourra jamais me reprocher, ne serait-ce qu'une seconde, d'avoir imaginé une fourberie commerciale sur le dos de mon frère.

Personne.

Voilà, je n'ai pas tellement envie d'en dire plus sur cette période si noire. Ni d'évoquer la concomitance de cette affaire avec mon divorce, procédure toujours difficile à digérer quels que soient les griefs de l'un envers l'autre. Je quittais Françoise après vingt ans de vie commune et retrouverais l'amour avec Marie.

Quand j'ai retrouvé le Pen Duick III *pour aller en Antarctique, j'étais heureux de remonter sur un bateau avec lequel j'avais vécu tant de jolies choses partagées.*

En janvier 1998 je rejoignis à Ushuaia un équipage composé de marins et de montagnards, deux types de personnages que j'appréciais, pour une expédition polaire en Antarctique. Elle devait se dérouler à bord du vieux *Pen Duick III*, loué pour l'occasion par Patrick et Thierry Besançon, deux organisateurs parisiens entreprenants, férus de voile et d'aventure. Ils cherchaient un skipper, j'avais postulé, puis avais été engagé. Le but de cette balade scientifique et sportive dans les grands froids était avant tout d'étudier les glaces, leur comportement et leurs mouvements, en y ajoutant quelques ascensions envisagées par les guides de haute montagne qui faisaient partie de l'expédition.

Je retrouvai là le sel de ma passion. Quelques tensions vite réglées entre équipiers avant notre départ, quelques soucis de moteur – de l'eau qui rentrait par l'échappement, une bielle qui passa à travers le carter... le trajet se fit « tout à la voile ». Comme pour me faire oublier mes déboires, des paysages sublimes et des navigations fabuleuses, dans la pénombre des canaux de l'Antarctique, éclairés par la lune, avec en toile de fond des icebergs qui se détachaient comme dans un décor de film.

Outre les relevés et les ascensions, nous fîmes quelques arrêts comme sur l'île Petermann où le commandant Charcot et son *Pourquoi pas ?* avait passé quelque temps lors d'un hivernage. Nous y retrouverons les barres à mine fixées dans les failles de la roche afin de pouvoir amarrer le superbe trois-mâts barque du commandant, et les cabanes où le célèbre scientifique français et son équipage avaient débarqué vivres et matériel.

Nous fûmes bien reçus dans les bases scientifiques internationales. Que ce soit la base américaine Palmer ou la base ukrainienne Vernadsky, une ancienne possession anglaise. Nos montagnards débarquèrent dans la première pour gravir le mont Français, sur l'île d'Anvers, ce qu'aucun Français, d'ailleurs, n'avait jamais fait jusqu'alors. Alain Iglésis, Jacques Ottonello, nos deux guides du fameux peloton de gendarmerie de haute montagne (PGHM) de Chamonix, épaulés par Thierry Besançon et Marc Givry, architecte de Grenoble, aussi à l'aise sur l'eau qu'en altitude, partirent ainsi à l'assaut des 2 825 mètres de ce sommet méconnu.

L'exercice était difficile, j'aurais pourtant apprécié de les accompagner. J'aime la montagne presque autant que la mer. Je l'ai découverte bien après l'adolescence, mais les plaisirs que me procurent une randonnée en peaux de phoque, une descente en neige vierge, une nuit en refuge ou une montée avec crampons et piolets sont en adéquation avec le sens que j'ai toujours voulu donner à ma vie. L'amour de l'altitude, la magnificence des sommets, la quête de l'air pur et la sérénité des grands espaces blancs font désormais partie de mon environnement intime. Je les ai inculqués à mes enfants que, dès l'enfance, j'ai emmenés chaque année du côté de Chamonix. Comme la mer, la montagne n'est pas seulement un terrain de jeu, c'est un au-delà qui se découvre, se mérite et se conserve. Peut-être pas une philosophie de l'existence, mais au moins une recherche de l'absolu qui vise le dépassement de soi, qui permet d'accepter plus facilement qu'un homme n'est que cela, un homme. Et qui, peut-être, favorise l'introspection que chacun a le devoir de mener pour découvrir qui il est.

Mais je m'égare. Tout comme nos aventuriers. Comme ils tardaient à revenir de leur expédition, les Américains s'apprêtèrent à partir à leur recherche. Alors qu'ils n'avaient pas le droit de s'éloigner de plus de huit cents mètres de leur base, l'occasion leur paraissait trop bonne. Hélas, si je puis dire, nos alpinistes sont revenus sans l'aide de personne…

Chez les Ukrainiens, nous passâmes de fort bons moments. Notamment lors d'un concours de fléchettes enfiévré où, pris par l'enjeu, nous jouâmes notre bateau et eux leur base. Grands seigneurs après notre victoire, nous avons décidé d'annuler leur dette de jeu.

J'ai ramené le bateau à Ushuaia, j'y suis resté quelques jours, puis je suis rentré en France avec les montagnards.

Quand je suis revenu à la maison, j'ai dit à Marie : « Un jour, je t'emmènerai là-bas. »

Je suis un homme de parole…

Après Éric, après moi à un degré moindre, un troisième Tabarly allait devenir skipper. Mon fils, Erwan.

De mes trois fils, un seul, Erwan, a voulu faire de la course au large son métier. Les deux autres, Yannick, l'aîné, et Loïc, le benjamin, choisirent aussi la mer, mais avec une autre approche. Celle de la Marine nationale. Après sa maistrance, Yannick pénétra dans le monde calfeutré des sous-marins ; Loïc monta, lui, sur les navires de surface. Le premier y resta sept ans ; le second vingt et un. Aujourd'hui, Yannick a monté une société d'alarme et de domotique à Crac'h ; Loïc s'est installé en Nouvelle-Calédonie... Il travaille à Nouméa, comme agent de maîtrise dans une société qui vend du matériel médical. Quant à Erwan, j'ai pu lui faire profiter de mon expérience. J'étais si heureux qu'il ait choisi la même voie que son père et son oncle qu'il me paraissait impératif de lui transmettre mon savoir. Mais je lui ai aussi conseillé de poursuivre quelques études pour pouvoir se retourner au cas où. Une fois son BTS de génie mécanique en poche, il put se consacrer à sa passion.

Embauché par Thales, il proposa rapidement à ses supérieurs un dossier pour disputer la Mini-Transat. Sa requête fut validée, il put se préparer.

Pourtant, il n'est pas si simple de porter un nom comme le nôtre. Je me souviens par exemple que, quelquefois, j'eus la surprise de découvrir dans la presse, régionale mais aussi nationale, que je portais le même prénom que mon frère. Il suffisait qu'un Tabarly, moi en l'occurrence, remporte une course pour que le prénom systématiquement accolé soit celui d'Éric.

Ce ne fut pas, Dieu merci, le cas pour Erwan. Tout le monde a rapidement compris qu'il était le neveu de l'un et donc le fils de l'autre.

À ses côtés, j'ai d'abord fait office de préparateur. Erwan avait loué un ancien mini qui avait appartenu à Laurent Bourgnon, mais le règlement de la course et la jauge des bateaux ayant évolué, il m'a fallu le modifier.

Créer une trappe de visite, installer un liston le long de la coque... je retrouvais le plaisir qui fut le mien durant toute ma vie : bricoler, peaufiner, préparer. Et au service de mon propre fils ! J'adorais cette situation !

Il fera ses premières armes en 1998, lors du Mini-Fastnet et de quelques autres parcours au couteau. Avant, l'année suivante, de douter un peu. À la suite du naufrage, et de la disparition d'un copain qui courait lui aussi en mini, Erwan a hésité à s'aligner au départ de sa première transat en solitaire.

Je l'ai pris entre quatre yeux.

« Mon petit bonhomme, tu as un sponsor qui te paye, tu es donc obligé de faire cette course-là. Après, tu feras ce que bon te semblera... »

Il est parti. Concarneau-Lanzarote, terme de la première étape. Un peu de temps perdu sur les meilleurs à cause d'une escale forcée à La Corogne, pour cause de météo si exécrable qu'elle en était dangereuse. Il a ensuite gagné la deuxième étape. Il s'en est très bien sorti pour sa première traversée de l'Atlantique : quatrième au général.

Le virus était tenace. Erwan a décidé de continuer. Il est passé en classe Figaro, a acheté un bateau. Avec lui, j'ai couru la Transat AG2R entre Lorient et Saint-Barthélemy.

Après avoir été son préparateur, je suis devenu l'équipier de mon fils !

Pas question pour moi de la ramener à bord, il était le skipper. Je respectais ses décisions quelles qu'elles fussent. « Tu fais ce que tu veux, c'est toi qui décides » était mon mantra... Il n'a pas voulu, par exemple, trop s'éloigner des premiers concurrents et tenter une option météo plus personnelle pour passer le cap Finisterre... Il a bien fait.

Mon rôle se cantonnait à l'écouter et à lui obéir. Nous sommes arrivés dix-neuvième.

Erwan, depuis, a fait une magnifique carrière. Souvent bien classé, parfois vainqueur, comme tout Tabarly qui se respecte. Sans négliger ce légendaire atavisme qui voudrait que sa carrière aurait pu être plus belle encore s'il avait mieux su se vendre. Malgré ses immenses qualités, il n'est ainsi jamais parvenu à décrocher un budget pour le Vendée Globe.

Au moment où j'écris ces lignes, il comptait bien défendre son titre dans la Transat AG2R, une épreuve en double qu'il a remportée en 2016 avec Thierry Chabagny, entre Concarneau et Saint-Barthélemy.

Quant à moi, j'ai fait quelques dernières courses, assorties d'autant d'abandons, avec *La Rage de vivre*, l'ancien *Petit Navire* devenu la propriété de Loïc Pochet, un marin respectable.

L'EDS Challenge en équipage ? Tête de quille arrachée, nous abandonnons à Calais.

La Transat Jacques-Vabre en double ? Safran perdu au large de Madère, nous sommes obligés de rentrer à Lorient.

Comme si, malgré moi, je me rapprochais d'une retraite sinon consolidée du moins méritée.

En battant le record du tour de l'Angleterre, puis celui du tour de l'Irlande, je n'ai pas pu m'empêcher de penser à Éric. À son record de l'Atlantique. Mais aussi à sa disparition dans ces mers parfois si hostiles.

Mes ultimes faits d'armes, en 2004 et en 2005, eurent pour théâtre le monde anglo-saxon. Ou plutôt son périmètre élargi autour du Royaume-Uni et de l'Irlande. À bord de *Solune*, un monocoque de 60 pieds qui appartenait à Jean-Philippe Chomette, un homme d'affaires français qui vivait entre Paris et Londres.

Grâce à lui et à son entregent, nous avons obtenu les armes nécessaires pour battre deux records en monocoque : celui du tour de l'Angleterre, qui a vécu quelques mois ; celui de l'Irlande, qui, lui, tient toujours, à 12,27 nœuds de moyenne.

C'était une opération commando : tu enfilais la tenue prévue pour battre le record, tu laissais ton sac à terre. Avec toi, bottes, chaussures, voire brosse à dents, et encore... Le tube de dentifrice était le même pour tous et les couverts, en plastique, ne tenaient pas longtemps.

Et c'était parti pour une régate exceptionnelle, pendant plus de sept jours pour le tour de l'Angleterre, pour un peu plus de deux jours pour celui de l'Irlande.

Passèrent ensuite trois ans plus tranquilles. Ma vie de compétiteur déroulait sa longue traîne derrière moi, une autre existence m'appelait.

Elle allait se révéler tout aussi animée. Aux côtés de Marie, à qui j'avais promis un voyage en Antarctique. Assorti d'un tour du monde. Juste elle et moi.

5

Repartir

Pour un Tabarly, la mer a toujours représenté bien plus qu'une compagne. Éric l'a prouvé, et, à ma manière, je n'ai fait que suivre sa trace.

Des noms comme des pointillés sur un planisphère. L'Antarctique, les îles Gambier, la Polynésie, la Nouvelle-Zélande, la Tasmanie et tant d'autres, la liste flirte avec l'infinie variété d'une planète que je connais si peu. Des îles et des havres insensés comme le chapelet des désirs, ou des rêves assouvis. Qui racontent le monde. Notre monde. Huit années durant, avec Marie, nous avons essayé d'en faire le tour. À mon rythme. Ou plutôt à notre rythme.

J'avais promis, je n'ai jamais supporté de me dédire. Si je n'avais pas aimé la mer, jamais je ne l'aurais envisagé ; si je n'avais pas aimé Marie, jamais nous ne serions partis ensemble. Durant toute mon existence, la mer m'accompagna. Avec ses exigences discrètes, ses plaisirs intenses, ses incompréhensions douloureuses, ses ruptures spectaculaires et ses retrouvailles délicieuses. Marie a accepté que, entre elle et moi, gracieuse et fine, subsiste encore et toujours cette relation que j'avais nouée aussi bien avec la vigueur impétueuse des océans qu'avec la langueur d'huile des journées sans vent.

Nous avons largué nos amarres en septembre 2008. J'avais fixé la date depuis longtemps. Il fallait que ce soit un samedi, pour que des proches puissent passer un peu de temps avec nous avant le grand départ, aux prémices de l'automne afin que, une fois passé l'équateur, nous puissions descendre le long de l'Amérique du Sud, jusqu'en Uruguay, terme envisagé de ce premier tronçon. C'était donc le 28 septembre, aux alentours de 17 heures. Il fallait également que la marée soit haute. Elle l'était. Sous la protection de Bernard Moitessier qui goûte ici un repos éternel, nous avons quitté le petit port du Bono et le golfe du Morbihan pour une première halte aux Beniguets, un joli mouillage de l'île de Houat. Trois bateaux nous accompagnaient, sur l'un d'eux se trouvaient nos fils, des amis, des sourires, quelques chants et des démangeaisons d'ailleurs qui commençaient à monter. Je les avais conviés à une dernière plâtrée de pâtes. Et puis, à minuit, je leur ai demandé de retourner dans leurs embarcations : « Mettez vos ancres, nous avons du chemin ! »

J'avais presque 65 ans, je me sentais l'âme du marin perpétuel, même en retraite. Éric avait disparu à 67 ans, sans vraiment profiter de ses derniers moments et alors qu'il songeait de plus en plus à se poser pour jouir enfin de cet intermède joyeux dont nul ne connaît la durée. Je veux avoir ma part des plaisirs du crépuscule. J'ai fini de travailler, j'ai fini de courir, j'ai fourni à Erwan et ses frères les armes qu'un père peut léguer à ses fils pour affronter la vie, je pense avoir mérité le droit de me reposer.

Ce sera à bord d'*Éclipse*, un joli bateau de 13 mètres, rapide et nerveux, acheté en Angleterre, puis reconfiguré une année durant par mes soins. Un peu de confort, mais pas trop, de la chaleur pour les moments que je prévoyais déjà froids, des aménagements pour ne pas céder à l'austérité qui m'était pourtant chère. Deux cabines de bain, deux WC, mais une douchette – avec eau chaude s'il vous plaît – installée dehors, sur la jupe arrière pour éviter que l'humidité ne s'invite à l'intérieur.

Ainsi nous nous sommes éloignés. Deux amis, Marc et Alain, Marie et moi dans une nuit claire, séductrice et apaisante. Madère, les Canaries, le Cap-Vert, l'Équateur et son champagne obligé, le Brésil et l'Uruguay, la topographie de notre première campagne de navigation raconte l'Atlantique que j'avais si souvent maltraité en le parcourant trop rapidement. La course est une épreuve, la croisière est un équilibre savant qu'il faut savoir trouver entre les sensations de vitesse et un besoin de tranquillité partagée. De sérénité assumée. À toute heure du jour comme de la nuit.

Je pourrais ajouter ici assez d'éléments pour confectionner un premier guide de voyage. Des villages d'une beauté à couper le souffle, des poissons qui sèchent sur les toits, des églises tout entières dévolues à la mer, des personnages hauts en couleur, guides impromptus, hôtes généreux, enfants aux sourires d'anges, des arraisonnements en haute mer, la douane est partout, des formalités administratives dans chaque port car se rapprocher des terres relance la guerre des frontières et des lois, des meutes de dauphins, des surfs incandescents et des éclairs de feu dans la nuit. Et puis, mais dois-je encore en parler, les ennuis mécaniques classiques, ou la casse sans grande originalité de certaines pièces qu'il me faudra encore et toujours réparer. Le temps qui passe, à la fois lent et plein, beau et changeant, est un luxe sans chronomètre ni classement, sans supérieur hiérarchique ni horaires de travail conventionnels. Que le vent se lève et je suis heureux ; que le soir tombe, accompagné d'un petit verre de vin et d'un calme réjouissant, je suis toujours aussi heureux.

Le plaisir de cette navigation-là est une nuance subtile qui rappelle le passé, mais enlumine surtout le présent pour mieux esquisser l'avenir. Un raffinement savoureux que je n'avais jamais vraiment connu. Il a fallu que je m'y habitue.

J'avais le sentiment que ma vie de marin professionnel, comme celle de mon frère mais à un degré assurément moindre, n'avait en effet été qu'une alternance de temps forts passés en mer et d'escales où, plus souvent qu'à mon tour, les problèmes et les ennuis avaient tenté de saper ma volonté de découverte. Je connaissais des ports, leurs quais et leurs magasins, mais rien de plus. Cela me manquait.

J'avais déjà fait le tour du monde, par exemple, mais aurais été bien incapable de vous citer des endroits paradisiaques, des baies méconnues ou des hôtes charmants qui forgent la légende des plaisirs imprévisibles.

C'est ce que nous nous sommes efforcés de retrouver, Marie et moi.

Les huit années de ce long périple entrecoupé de retours au pays empliront ma vie, nos vies, de ce sentiment unique d'être à la fois les pourvoyeurs de nos propres rêves et les maîtres d'une destinée que nous avons choisie, sans autre limite que nos désirs de voyages et de rencontres.

Jusqu'alors, j'avais toujours eu l'impression, comme Éric, d'avoir été plus heureux sur l'eau que sur le sol pas toujours si ferme de ce qu'on appelle la terre. Certes, la mer se révèle parfois mauvaise, traîtresse, vengeresse, mais les tortures qu'elle inflige ne durent jamais plus que quelques instants, alors que la terre laboure de sa jalousie le cœur de ceux qui préféreront toujours flotter plutôt que se laisser enfoncer dans les sables mouvants du désenchantement.

S'en aller ainsi sera sinon une thérapie, en tout cas un doux cheminement. Car que fait-on en mer lorsque l'on n'essaie pas d'aller plus vite que les autres et de finir premier ? Des quarts certes, mais aussi la cuisine, la vaisselle, le ménage… J'en ai si souvent bavé en course qu'entrer dans la cabine pour s'apercevoir qu'il y fait chaud, dresser une table sous le soleil, boire un fond de rhum accompagné d'un filet de poisson cru me fait immédiatement tomber dans un abîme de béatitude. Je suis juste bien.

Comme Éric, je suis l'enfant des traditions et des valeurs que nos parents nous ont transmises.

Comme lui, je suis aussi ce que la mer a fait de moi.

Nous mettrons six mois pour arriver en Uruguay, but affiché de notre premier voyage. C'est la fin de l'été là-bas, on ne descendra pas plus au sud. Nous attendrons l'année suivante. L'alternance départ/retour demeurera la caractéristique de ces années de déambulation à deux souvent, à plus parfois lorsque nous accueillerons des invités. Il faudrait la pertinence et la créativité d'un Prévert et de son inventaire pour faire, sans ennuyer, la liste des délices partagés. J'en appellerai par exemple à cette boule à neige offerte par Marie pour notre premier Noël au Brésil, à ce chapeau de gaucho qui me couvrira la tête sans risque qu'il s'envole, à cette rencontre impromptue dans un mouillage de rêve avec Laurent Bourgnon et sa petite famille, à ce phare des Abrolhos construit par les Français et que nous aurons l'autorisation de visiter, à ces petites caïpirinhas bues ici ou là tandis que montaient les sons chaloupés d'une de ces sambas qui incitent aux plaisirs de la vie. Et à la réflexion.

La mer fut, pour moi, la plus formidable des écoles. Et j'étais un élève définitivement conquis par la pédagogie des vagues et des embruns. Au fil du temps s'est affirmé ce caractère si délicat à dompter, se sont accumulées ces blessures qu'elle infligea aux bateaux sur lesquels j'ai navigué. J'ai été sensible aussi à la grâce qu'elle me faisait parfois en m'autorisant à gagner... J'ai découvert aussi que, sous ses dehors d'indolence, se cachent toujours des fureurs de démon ; j'ai découvert sa capacité meurtrière à emporter les vies mais pas les souvenirs, d'un frère et de tant d'amis. Désormais, je peux sans crainte faire défiler les pages du grand livre des leçons que les flots m'ont inculquées.

J'ai compris. À côtoyer les océans, ma vie durant, j'ai pu aussi mettre à profit ces valeurs que je tenais de mes parents : la rigueur, le respect, la franchise. Valeurs qui m'accompagnent toujours. Je suis comme papa : avec sa grosse voix, il pouvait faire peur, mais c'était un agneau. Avec mon franc-parler, je peux rebuter, mais, si l'on sait me prendre, la gentillesse revient vite. Je suis comme maman, je vais de l'avant, rien ne m'arrête ni ne me fait reculer.

Les souvenirs s'amoncellent, qu'il faut ensuite apprendre à raconter. Je repense ainsi à ce soudeur de Vitoria qui me refera un câble en inox plus beau que sorti d'usine, à la baie de Rio que nous trouverons si sale et si polluée, à ce choc avec une énorme bouée non signalée sur laquelle les lourds navires de commerce viennent s'amarrer, à Fabricio, charmant équipier débutant qui vécut avec nous la brutalité d'un coup de vent, le charme d'une nuit au large, et le légendaire mal au cœur qui accompagne souvent la découverte de la vie en mer.

De temps en temps, nous envoyions des messages aux terriens, pour les prévenir et leur préciser le programme : « Demain nous partons pour... »

J'étais déjà venu dans le Grand Sud à bord de Pen Duick III. *Y emmener Marie était un devoir que je m'étais fixé.*

Le deuxième temps de notre chanson douce avec les éléments a pour objectif l'Antarctique. Après avoir passé six mois en France, nous retrouvons *Éclipse*, nous réparons sa coque endommagée, le remettons en état, et puis partons. Destination le Grand Sud. Quelques ports comme les étapes avérées de cette nouvelle aventure : Mar del Plata, Ushuaia, Puerto Williams, Punta Arenas. Entre septembre 2009 et avril 2010, l'itinéraire de notre descente vers les terres australes ne peut se résumer à cette succession d'abris. Parce que ce serait oublier les rencontres et les moments forts, encore et toujours. Car notre lente pérégrination a par instants des allures étrangement festives : les gens qui nous accueillent font en général peu de cas du nom que je porte. Sauf une fois, à

Puerto Madryn, où le responsable du yacht club local, trop heureux de recevoir un Tabarly, organisera une belle fête « à l'argentine » qui se terminera, joyeuse et tardive, à bord d'*Éclipse*. Plus bas encore, au bout de ce monde morcelé et peu fréquenté, nous retrouverons presque par hasard Isabelle Autissier et Christophe Auguin, champions d'immense solitude et marins de compagnonnage vertueux : les amitiés qui se nouent sur les pontons flottants n'ont jamais la même valeur que les autres. Plus courtes certes, mais aussi plus intenses...

Et des vents comme je les aime, oui ! Qu'est-ce que le vent d'ailleurs pour un Tabarly, outre un moteur et une aspiration ? Sans doute un sentiment très relatif, dont la perception que nous en avons, nous les coureurs au large, est bien différente de celle des navigateurs plus placides. Soixante nœuds, pour moi comme cela le fut pour Éric, c'est un souffle béni. Pour d'autres, c'est une tempête à déboulonner le mental. Souvent me revient en mémoire cette amusante supplique que les matelots, ou les capitaines, adressaient à sainte Anne : « Priez pour les marins qui sont à terre... Que ceux qui sont en mer se démerdent. »

J'aime me démerder, je sais faire, c'est de famille, je n'ai besoin de personne. Juste de Marie. L'Antarctique est un lieu qui nous convient parfaitement parce qu'il me rappelle que si l'être humain n'est pas supérieur à la nature, il sait parfois comment la mater pour en exalter ensuite toutes les prodigieuses composantes. Car même si ce fut difficile physiquement et mentalement, même si je n'y retournerai plus, le continent blanc possède un attrait si puissant qu'il dépasse l'imagination. La poésie du Grand Sud égrène là encore l'austérité de ses paysages qui font rêver même ceux qui ne s'y rendront jamais, les tempêtes de neige qui nimbent les ponts, les montagnes noires et arides qui plombent les lumières, les icebergs dont la beauté claire masque la dangerosité, les animaux qui rôdent en silence, en piaillant ou en longeant la coque, léopards des mers, manchots à jugulaire, phoques, ou cette placide baleine bleue d'environ vingt-cinq mètres qu'Anne-Sophie, la fille de Marie – venue passer quelques jours avec nous –, verra surgir au plus près du bateau alors que nous remontions doucement vers Puerto Montt... Saisie d'une fascination contagieuse pour l'animal, elle n'aura pas le réflexe d'appuyer sur le déclencheur de son appareil numérique pour en capturer l'image.

Mais était-ce si important ?

L'évocation des noms, comme toujours, force aux rêves d'enfance. Le canal de Beagle, le détroit de Magellan, Chiloé, le village de Francisco

Coloane, le grand écrivain des rudesses sans nom d'où partaient les chasseurs de cétacés. Jusqu'à Puerto Montt, petit port enchâssé de la côte chilienne.

Nous en avons fini avec le Grand Sud. Marie est soulagée.

Nous laisserons à nouveau le voilier dans une marina, sagement amarré à un ponton. Avant de revenir le chercher quelques mois plus tard.

Le changement sera férocement agréable lors de notre troisième saison. L'objectif, cette fois, sonne comme un roman d'aventures sous les tropiques. Des relents de soleil et des odeurs de fleurs rares. Comme si la suavité n'avait qu'un nom : Polynésie.

S'y rendre prendra du temps et procurera des émotions. Réparer, encore et toujours, lorsque nous retrouvons *Éclipse*. Cette fois, c'est une pale de l'hélice qui s'est sauvée... Puis partir pour l'île Robinson-Crusoé où nous ferons escale après que l'interdiction d'aborder y avait été levée. Quelques mois plus tôt, l'île avait été frappée par un tsunami meurtrier. Des vagues monstrueuses avaient détruit le fond de la baie, tué une vingtaine de personnes, mis à bas les pylônes de ciment, déplacé comme fétus les pierres tombales en granit.

Le seuil de la douleur, de l'acceptation, précède toujours le temps de la renaissance et de la reconstruction. Nous n'étions pas là en voyeurs compatissants, juste en humbles visiteurs venus témoigner de leur soutien et de leur admiration.

Et puis l'île de Pâques nous reçut, sous la grandiose protection des moaïs, ces statues de pierre. Des questions nous assaillent sur le pourquoi et le comment de ces mégalithes sculptés, comme sur le projet d'agrandissement de l'aéroport, qui déversera bientôt un flot continu de touristes. Contre l'avis des habitants de l'île.

Le voyage prend ensuite des airs de douceur et de rencontres improbables. Sur cette route, les exocets ne sont pas des missiles, mais des poissons volants, les pailles en queue et les pétrels noirs nous narguent tandis qu'apparaissent les grains tropicaux. Nous évitons Pitcairn et faisons route direction les Gambier, leurs perles, leur chaleur, leur accueil.

J'y découvrirai une superbe rose des vents, toute de perle et de nacre ; elle me plaisait, je n'ai pas osé l'acheter... J'ai toujours été bien frileux lorsqu'il s'agissait de succomber à mon propre plaisir

Les souvenirs fantomatiques de Gauguin et de Brel hanteront notre passage aux Marquises. Quelques jours passés avec Loïc, venu de Tahiti où il a été muté, pour fêter Noël, quelques semaines enchanteresses, puis les Tuamotu, le bleu sublime du lagon, les passes sauvages et dangereuses. Nous nous promettons d'y revenir... Puis c'est Tahiti où nous retrouverons une nouvelle fois Loïc. Avec lui, nous disputerons même une course, la Tahiti Pearl Regatta, en armant *Éclipse* aux couleurs de la Marine nationale. Puis ce sera Raiatea où vit Anne-Sophie. On emmènera la famille, ambiance *La croisière s'amuse*, aux îles Sous-le-Vent, colliers de fleurs, fêtes polynésiennes, ukulélés, lagons... Des rires d'enfant, de compagnes. Un dernier tour à Bora-Bora où mon vieil ami Pierre English vit depuis des années. Nous sommes bien, très bien, mais il nous faut repartir. Trois ans déjà que nous baguenaudons

L'année suivante, en 2012 donc, nous partirons plus à l'ouest encore, l'île Niue, puis ces archipels aux mille visages dont on connaît les noms mais pas les profils : les Tonga, Wallis-et-Futuna, les Fidji. Avant le Vanuatu, la Nouvelle-Calédonie, délicieuse contrée, et la Nouvelle-Zélande...

Là encore des amis, des enfants, un mariage même, celui de Nathalie, la seconde fille de Marie qui vit dans l'île du Sud. Je m'occuperai du vin, la fête sera plus que belle. Nous rentrerons en France en mars 2013...

Nous voulions retourner en Tasmanie pour assister à l'arrivée de la course Sydney-Hobart, que nous avions gagnée avec Éric en 1967.

Rappeler ces voyages fait remonter par instants les souvenirs de ma jeunesse. Une fois revenu en Nouvelle-Zélande, puis quitté l'île du Sud, je voulais me rendre à Hobart en Tasmanie pour l'arrivée de la célèbre course. Neuf jours de mer compliqués, et nous y sommes. C'était absolument magnifique. La ligne entre deux bouées, la coupe remise au vainqueur, la tente d'accueil où sont affichées les photos de tous les vainqueurs. L'émotion me gagne lorsque je croise le cliché en noir et blanc de *Pen Duick III* chevauchant les vagues. C'était il y a presque un demi-siècle !

Nous sommes restés en Tasmanie environ trois mois, avant de filer vers l'île continent, puis de refaire le chemin inverse. La Nouvelle-Calédonie, le Vanuatu, les Tonga, Maupiti, Raiatea, encore et toujours la douce litanie de ces endroits où il fait si bon s'arrêter à nouveau qu'ils resteront gravés dans le grand catalogue raisonné de mes voluptés marines.

Ce n'est pas que le temps raccourcisse, c'est simplement que le bonheur se répète. Il va bientôt être l'heure de faire route vers la maison. Nous sommes déjà en 2014, puis en 2015. La vie a continué, les plaisirs se sont répétés… Mais bon !

En finir avec le Pacifique, sans doute le plus bel océan du monde, retrouver l'Atlantique.

Symbolique passerelle entre deux mondes, le canal de Panama et sa traversée chronométrée nous attendent. Un transitaire s'occupe des papiers, je n'ai qu'une envie, en finir au plus vite avec les 25 milles de navigation. Un matin, nous embarquons le pilote qui connaît la zone comme sa poche et les trois hommes qui vont gérer le passage des écluses. Tout est minuté, l'heure de départ comme celle d'arrivée de l'autre côté. Tout doit aller vite, interdiction de traîner, il faut avancer au moteur, à sept nœuds. Les directives sont données, les gestes précis, je ne cède pas la barre, mais j'écoute et je suis les conseils de l'expert monté à mes côtés.

Le gigantisme des navires marchands m'impressionne.

Une fois de retour dans l'Atlantique, nous resterons un peu, nous danserons une dernière valse autour des Caraïbes, puis ce sera Saint-Barth' avec quelques enfants et petits-enfants venus nous retrouver, les Grenadines ensuite. Du monde et des bateaux partout, le retour à la civilisation avant la grande traversée. Du rêve encore jusqu'aux Açores. Le grand projet se termine dans une navigation de cinéma, douze jours de féerie et de bleu océan. Et puis revenir plus près encore, arriver à Houat, y passer quelques jours dans un mouillage discret. Nous avons besoin d'une phase de transition avant de reprendre pied. Prévenir. Se préparer.

Le 27 août 2016, tôt le matin, et toujours pour une histoire de marée, entourés d'une douzaine de bateaux amis, nous avons retrouvé, Marie et moi, le golfe du Morbihan puis la rivière d'Auray. La remontée fut lente et émouvante jusqu'au Bono. Sous des airs d'accordéon et de bombarde, un pot organisé sur le quai pour nous accueillir.

Des embrassades aussi. J'ai trouvé que ceux laissés à terre il y a huit ans avaient bien changé, j'ai pensé que nous n'étions plus tout à fait les mêmes non plus. La journée est belle. Notre existence aussi. La fête est-elle finie, ou recommence-t-elle ?

Le temps qui passe n'émousse pas les sentiments, au contraire. Nous avions voulu partager, Marie et moi, des instants que l'on pourrait qualifier d'égoïstes mais qui ne l'étaient pas. Partir seuls, non pas pour oublier, mais pour continuer à vivre. C'était il y a bientôt deux ans. Au moment où je m'apprête à poser le point final à l'écriture de ce livre, je viens de me résigner à vendre le bateau.

Mon dernier bateau, compagnon fidèle et silencieux de l'homme modeste et discret. Lequel, à l'heure du grand bilan, peut se targuer d'avoir vécu comme il l'entendait. Naviguer dans le sillage d'un frère célébrissime, et dans les remous de sa vie épique, n'est pas la position la plus aisée pour se faire connaître mais elle m'a toujours satisfaite. J'ai aimé rester dans l'ombre d'Éric, ni caché, ni tapi, juste présent pour l'aider et pour apprendre de lui. Nos relations furent parfois élastiques, connurent de merveilleux hauts et quelques bas dont le temps qui passe arase le souvenir. Je l'ai pourtant suivi comme l'ombre suit la lumière, je lui ai, un peu, succédé, comme la nuit succède au jour. À l'heure où je crois distinguer cette fameuse dernière ligne droite dont la position varie en fonction de l'endroit où l'on se trouve, et de ce que la fatalité nous réserve, je sais qu'il me reste encore de belles années pendant lesquelles cueillir les derniers bouquets de l'existence.

Dans mon jardin, je regarde souvent les deux palmiers que Marie et moi avons plantés. Comme les premiers cap-horniers bretons le faisaient en rentrant de leurs périples. Je sais qu'ils auront le temps de grandir, je sais que le nôtre est compté mais qu'il reste encore du grain à couler dans le grand sablier.

L'espérance de vie est une expression qui me convient bien. Parce qu'elle comporte son lot de surprises à venir, parce que je ne sais pas jusqu'où elle va me mener, et parce que, à me retourner sur mon parcours, je comprends qu'il ne fut finalement que la succession des faits et des gestes qui m'ont amené où je suis. Et que ce n'est pas fini !

Pourquoi ai-je ressenti le besoin de faire partager ce que j'avais vécu ? Pour laisser une trace. Modeste mais peut-être moins fugace que le sillage éphémère d'un bateau à voile, plus pérenne que des empreintes de pied sur le sable blanc d'un paradis lointain, plus précise que de simples traits de crayon de bois sur la cartographie ardente de mes aventures personnelles.

L'impression en tout cas, alors qu'il me faut clore l'un des derniers chapitres d'une existence vécue avec moins d'entraves que de passion, que tout se termine comme je l'ai toujours souhaité.

Avec la satisfaction de savoir que, si j'ai aimé la mer, elle me l'a sans doute rendu au centuple.

De toute façon, les regrets ne sont pas inscrits dans les gènes des Tabarly...

Remerciements

Merci à Marie qui m'a soutenu dans les moments difficiles.

Merci à Rémy avec lequel j'ai beaucoup apprécié travailler.

Merci à Benoît, sans lui ce livre n'aurait jamais vu le jour.

Cet ouvrage a été composé
par PCA à Rezé (Loire-Atlantique)
et achevé d'imprimer en mai 2018
par Brodard & Taupin
pour le compte des Éditions Stock
21, rue du Montparnasse, 75006 Paris
en mai 2018

PAPIER À BASE DE FIBRES CERTIFIÉES

Stock s'engage pour l'environnement en réduisant l'empreinte carbone de ses livres. Celle de cet exemplaire est de :
550 g éq. CO_2
Rendez-vous sur www.editions-stock-durable.fr

Imprimé en France

Dépôt légal : mai 2018
N° d'édition : 01 – N° d'impression : 3028277
86-07-8395/0